🌻🌷 本書の特色と使い方 🌷🌻

教科書の内容を各児童の学習進度にあわせて使用できます

教科書の内容に沿って作成していますので，各学年で学習する単元や内容を身につけることができます。

学年や学校の学習進度に関係なく，各児童の学習進度にあわせてご使用ください。

基本的な内容をゆっくりていねいに学べます

算数が苦手な児童でも，無理なく，最後までやりとげられるよう，問題数を少なくしています。

また，児童が自分で問題を解いていくときの支援になるよう，具体物やブロック，●などを使った解き方や見本を

のせています。

うすい文字は，なぞって練習してください。

問題数が多い場合は，１シートの半分ずつを使用するなど，各児童にあわせてご使用ください。

本書をコピー・印刷してくりかえし練習できます

学校の先生方は，学校でコピーや印刷をして使えます。

各児童にあわせて，必要な個所は，拡大コピーするなどしてご使用ください。

「解答例」を参考に指導することができます

本書p102～「解答例」を掲載しております。まず，指導される方が問題を解き，本書の解答例も参考に解答を作成してください。

児童の多様な解き方や考え方に沿って答え合わせをお願いいたします。

目　次

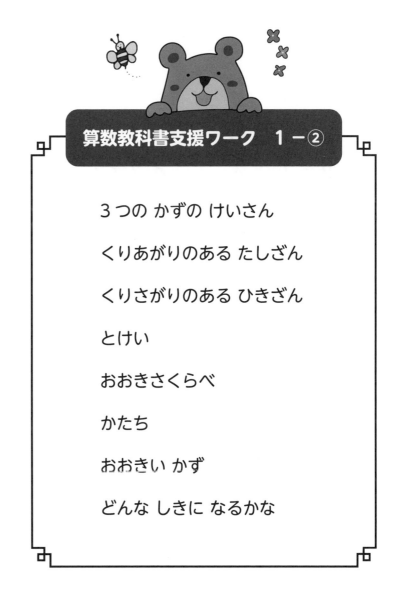

なかまづくりと　かず（1）

		なまえ
がつ	にち	

 おなじ　どうぶつを　せんで　かこみましょう。

なかまづくりと　かず (2)

● えの　かずだけ　◯に　いろを　ぬりましょう。

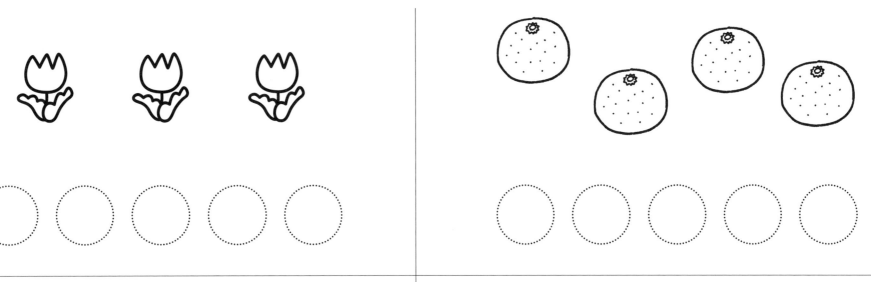

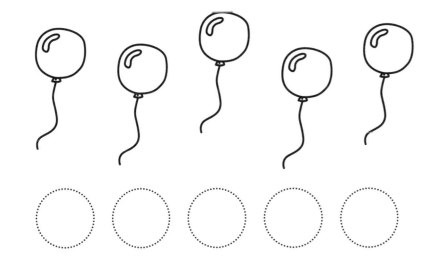

5

なかまづくりと　かず (3)

		なまえ
がつ	にち	

● えの　かずだけ　◯に　いろを　ぬりましょう。

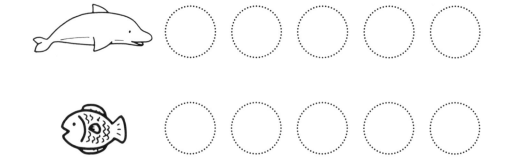

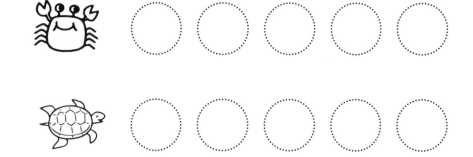

なかまづくりと　かず（4）

3
さん
●●●

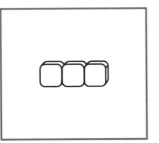

● 3の　なかまを　せんで　かこみましょう。

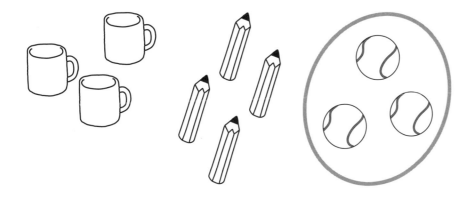

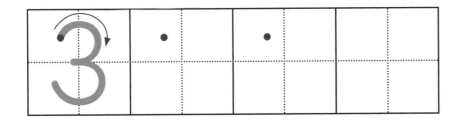

1
いち
●

● 1の　なかまを　せんで　かこみましょう。

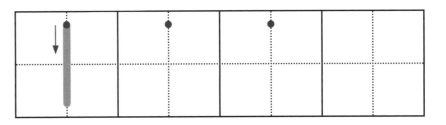

7

なかまづくりと　かず (5)

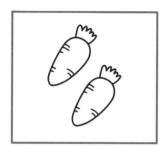

2
に

●●

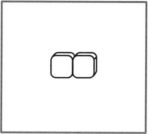

● 2の　なかまを　せんで　かこみましょう。

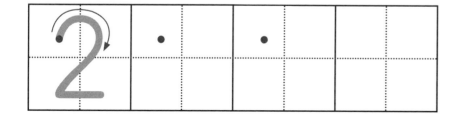

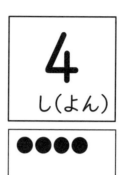

4
し（よん）

●●●●

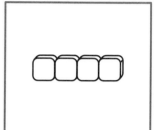

● 4の　なかまを　せんで　かこみましょう。

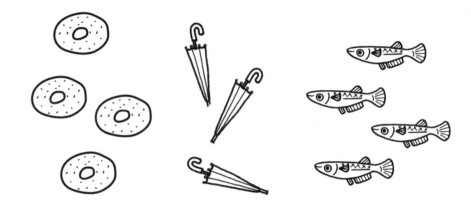

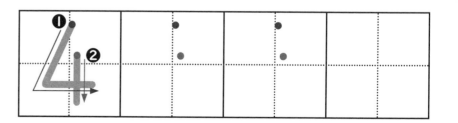

8

なかまづくりと　かず（6）

5
ご

●●●●●

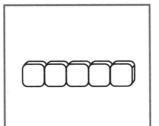

● 5の　なかまを　せんで　かこみましょう。

5

● すうじを　かきましょう。

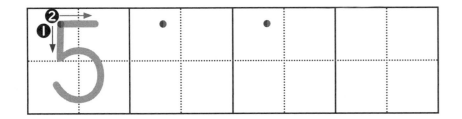	□	いち	|
	□□	に	
	□□□	さん	
	□□□□	し（よん）	
	□□□□□	ご	

9

なかまづくりと　かず (7)

● いくつですか。すうじを　かきましょう。

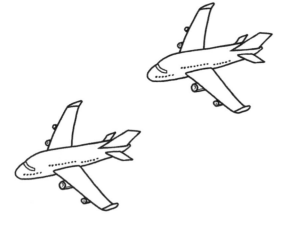

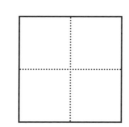

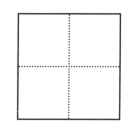

なかまづくりと　かず（8）

● すうじの　かずだけ　えに　いろを　ぬりましょう。

2

5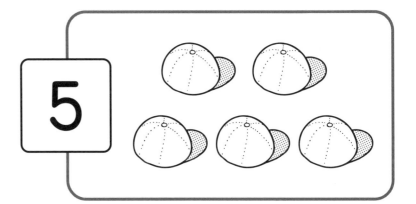

4

3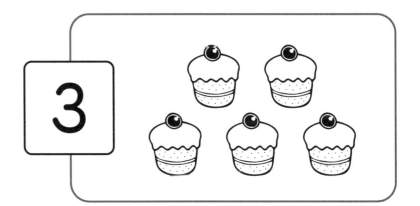

1

がつ	にち	なまえ

● すうじの　かずだけ　○を　かきましょう。

● ⊞に　１から　５まで　かずを　かきましょう。

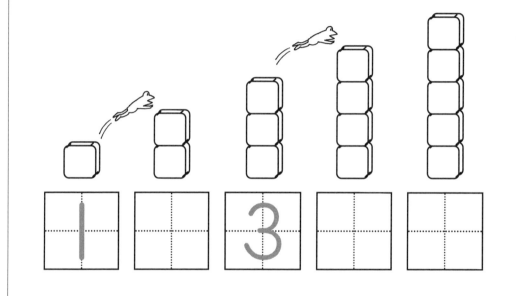

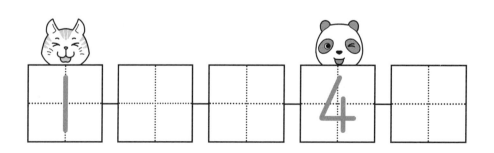

12

なかまづくりと　かず（10）

● えの　かずだけ　◯に　いろを　ぬりましょう。

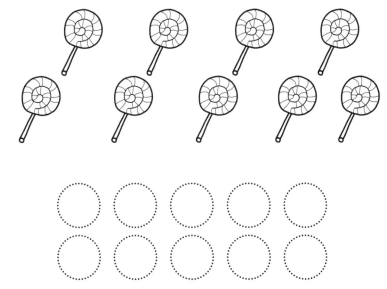

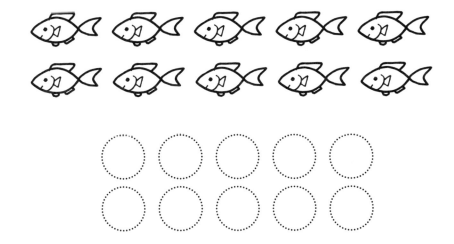

なかまづくりと　かず（11）

6 ろく

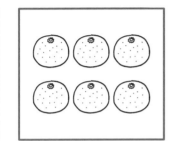

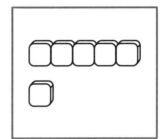

● 6の　なかまを　せんで　かこみましょう。

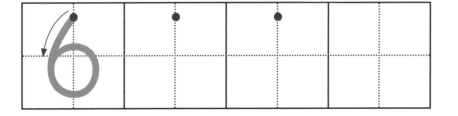

7 しち（なな）

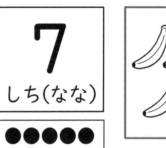

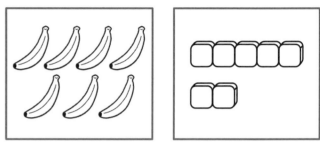

● 7の　なかまを　せんで　かこみましょう。

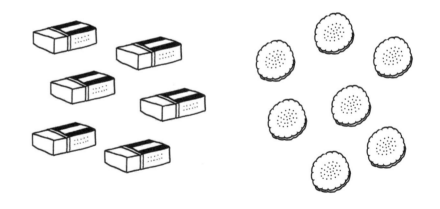

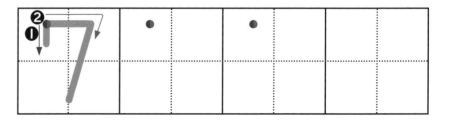

なかまづくりと　かず（12）

8 はち

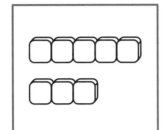

● 8の　なかまを　せんで　かこみましょう。

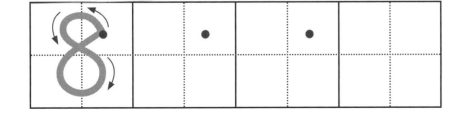

9 く（きゅう）

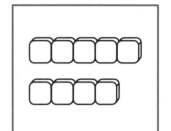

● 9の　なかまを　せんで　かこみましょう。

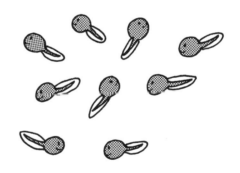

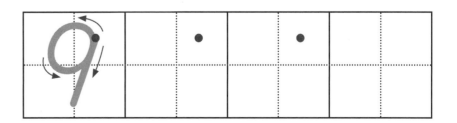

15

なかまづくりと　かず（13）

10 じゅう

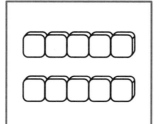

● 10の　なかまを　せんで　かこみましょう。

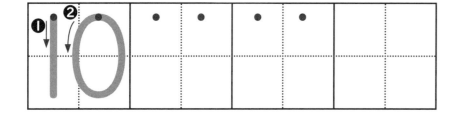

● すうじを　かきましょう。

			6
☆☆☆☆☆ ☆	▢▢▢▢▢ ▢	ろく	6
☆☆☆☆☆ ☆☆	▢▢▢▢▢ ▢▢	しち (なな)	
☆☆☆☆☆ ☆☆☆	▢▢▢▢▢ ▢▢▢	はち	
☆☆☆☆☆ ☆☆☆☆	▢▢▢▢▢ ▢▢▢▢	く (きゅう)	
☆☆☆☆☆ ☆☆☆☆☆	▢▢▢▢▢ ▢▢▢▢▢	じゅう	

なかまづくりと　かず（14）

● いくつですか。すうじを　かきましょう。

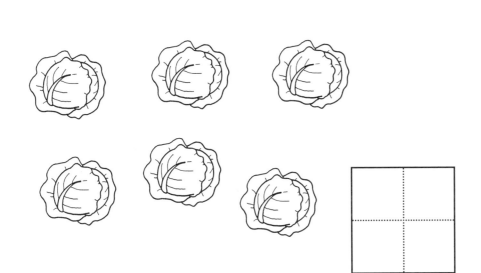

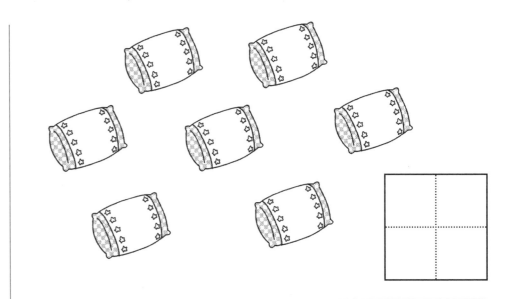

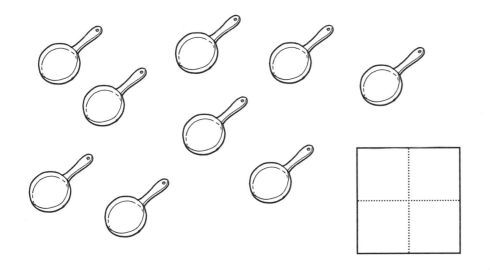

17

なかまづくりと　かず（15）

● すうじの　かずだけ　えに　いろを　ぬりましょう。

7
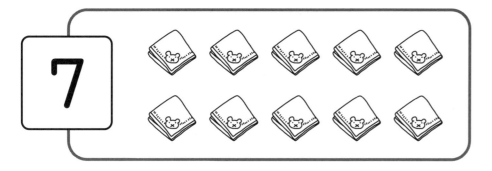

10
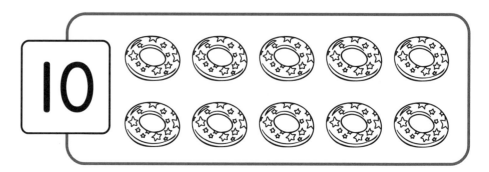

9

8
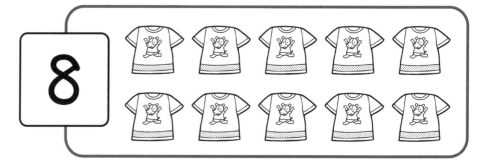

6

なかまづくりと　かず（16）

● すうじの　かずだけ　○を　かきましょう。

9

10
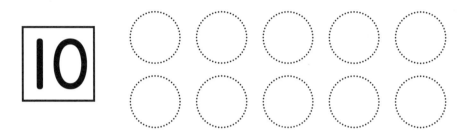

7

8
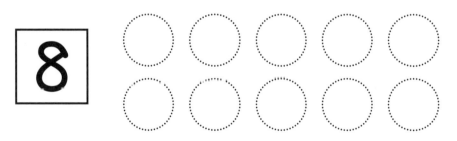

6

なまえ

がつ　にち

● □に　１から　10まで　かずを　かきましょう。

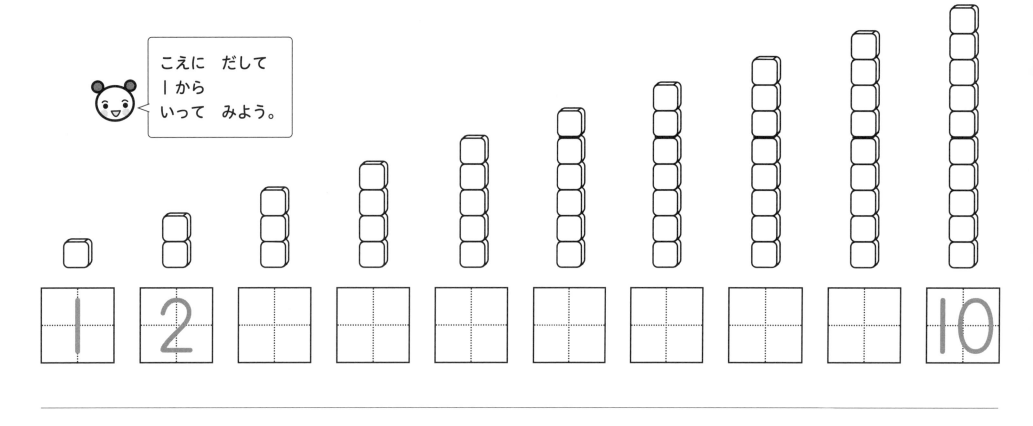

こえに　だして
１から
いって　みよう。

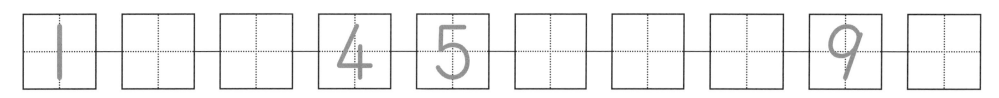

なかまづくりと　かず（18）

● ◻ に　かずを　かきましょう。

①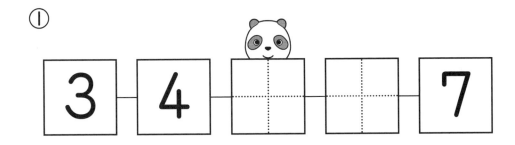

| 3 | 4 | | | 7 |

②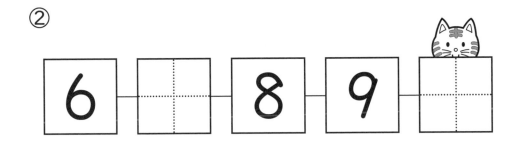

| 6 | | 8 | 9 | |

③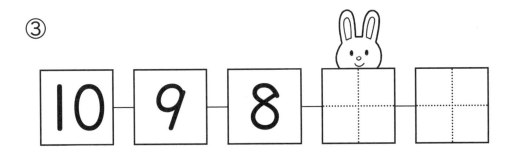

| 10 | 9 | 8 | | |

● １から　10までの　•（てん）を　せんで　むすびましょう。

21

なかまづくりと　かず（19）

● びすけっとは　いくつ　ありますか。

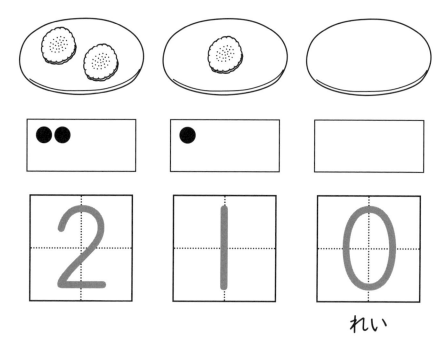

● に　はなの　かずを　かきましょう。

ひとつも　ない　ことを「れい」と　いうよ。

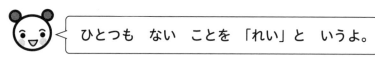

● おさらに　みかんを　かきましょう。

3こ　　　　1こ　　　　0こ

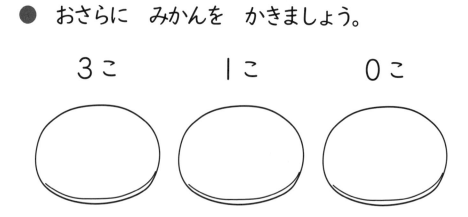

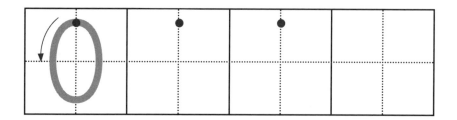

22

なかまづくりと　かず（20）

● どちらが　おおいですか。おおい　ほうの　（　）に　〇を　つけましょう。

①

かずを　かこう

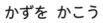
（　　）

（　　）

②
かずを　かこう

（　　）

（　　）

③

いろを　ぬろう　　かずを　かこう

さる
（　　）

ばなな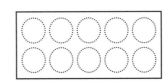
（　　）

23

なかまづくりと　かず（21）

● どちらの　かずが　おおきいですか。おおきい　ほうの　かずに　〇を　つけましょう。

①

②

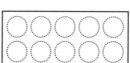

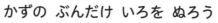

かずの　ぶんだけ　いろを　ぬろう

③

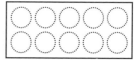 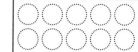

④

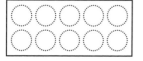 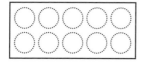

⑤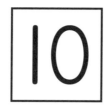

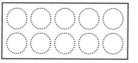 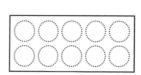

⑥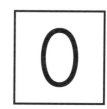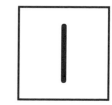

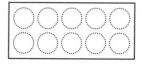 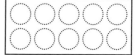

24

なかまづくりと　かず （22）

● １ おおきい　かずを　かきましょう。

①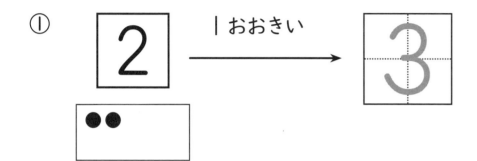

②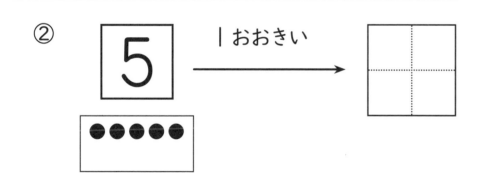

③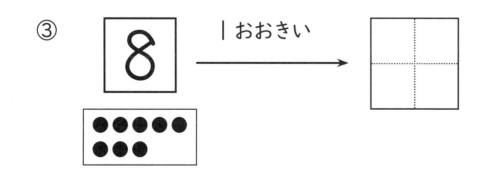

● １ ちいさい　かずを　かきましょう。

①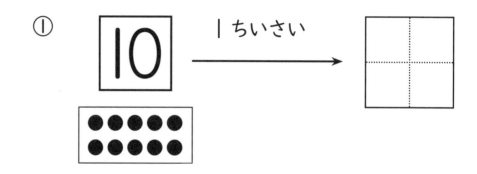

②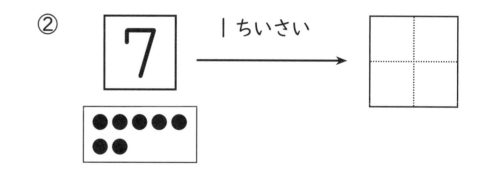

③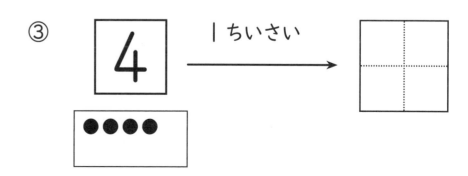

なんばんめ（1）

まえから　なんばんめ

		なまえ
がつ	にち	

● いろを　ぬりましょう。

まえから	3ばんめ の くるま

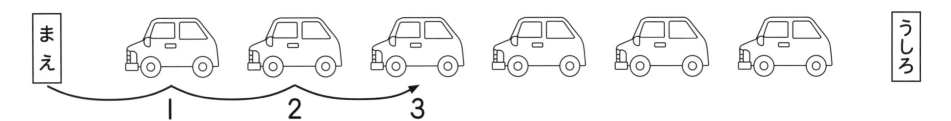

まえから	5ばんめ の あひる

まえから	2ばんめ の いす

なんばんめ (2)

うしろから　なんばんめ

● いろを　ぬりましょう。

うしろから　　4 ばんめ の　ひこうき

まえ

うしろ

4　　　3　　　2　　　1

うしろから　　2 ばんめ の　ぞう

まえ

うしろ

うしろから　　5 ばんめ の　ふうせん

まえ

うしろ

なんばんめ (3)

まえから　なんにん
うしろから　なんにん

		なまえ
がつ	にち	

● ◯で　かこみましょう。

まえから　3にん

まえ  うしろ

うしろから　3にん

まえ　うしろ

まえから　4にん

まえ　うしろ

うしろから　5にん

まえ　うしろ

28

なんばんめ（4）

がつ	にち	なまえ

● いろを　ぬりましょう。

ひだりから　　　4 ばんめ の　りんご

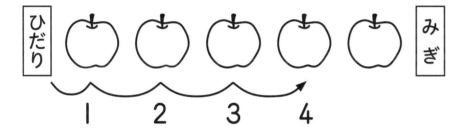

みぎから　　　5 ばんめ の　けえき

ひだりから　　　2 ばんめ の　いぬ

みぎから　　　3 ばんめ の　はな

29

なんばんめ (5)

うえから　なんばんめ
したから　なんばんめ

		なまえ
がつ	にち	

● いろを　ぬりましょう。

うえから	したから	うえから	したから
３ばんめ の　くだもの	４ばんめ の　くだもの	５ばんめ の　どうぶつ	３ばんめ の　どうぶつ

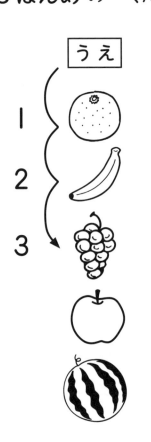

30

いくつと いくつ (1)

● 5は いくつと いくつに わけられますか。

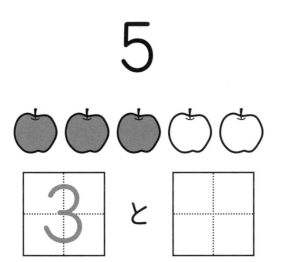

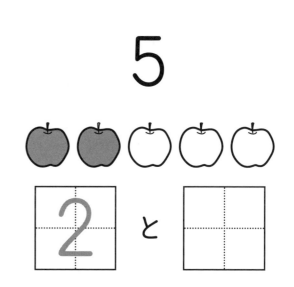

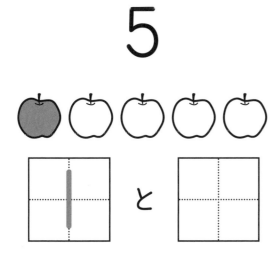

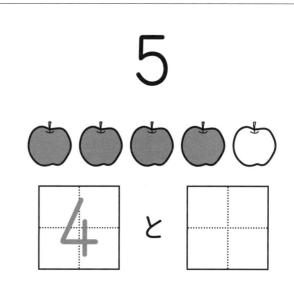

31

いくつと　いくつ (2)

がつ	にち	なまえ

● 6は　いくつと　いくつに　わけられますか。

6

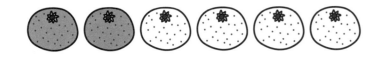

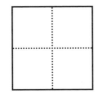 と

6

 と

6

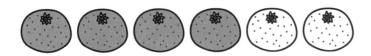

 と

6

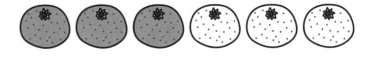

 と

いくつと いくつ (3)

● 7は いくつと いくつに わけられますか。

7

3 と ☐

7

5 と ☐

7

2 と ☐

7

1 と ☐

いくつと　いくつ (4)

● 8は　いくつと　いくつに　わけられますか。

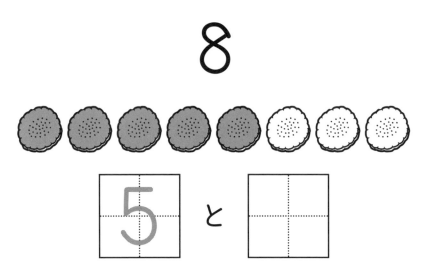

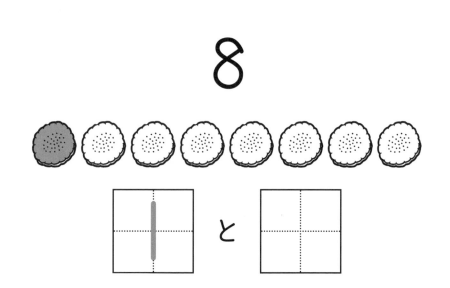

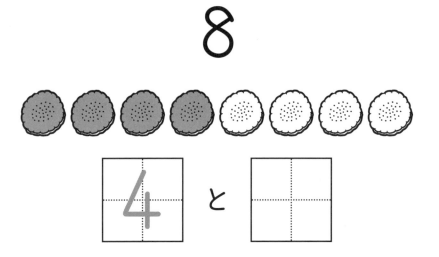

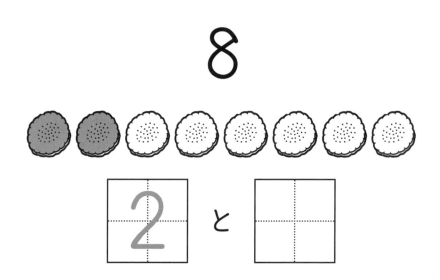

いくつと　いくつ (5)

● 9は　いくつと　いくつに　わけられますか。

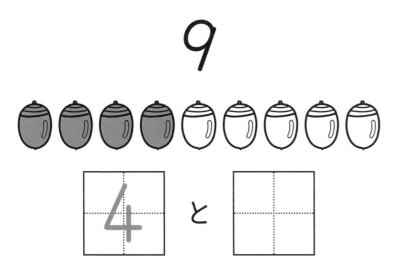

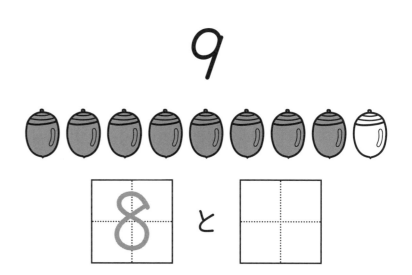

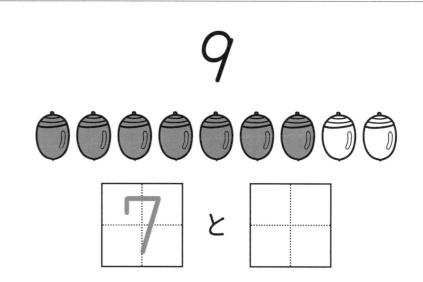

35

いくつと　いくつ (6)

		なまえ
がつ	にち	

● 10は　いくつと　いくつに　わけられますか。

10

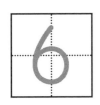 と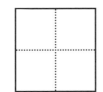

10

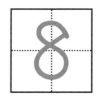 と

10

 と

10

 と

いくつと いくつ (7)

● 10は いくつと いくつに わけられますか。

 ◯に いろを ぬって みよう。

①  1 と ☐

②  2 と ☐

③  3 と ☐

④ ◯◯◯◯◯|◯◯◯◯◯ 4 と ☐

⑤  5 と ☐

⑥  6 と ☐

⑦  7 と ☐

⑧ ◯◯◯◯◯|◯◯◯◯◯ 8 と ☐

⑨ ◯◯◯◯◯|◯◯◯◯◯ 9 と ☐

いくつと　いくつ (8)

がつ	にち	なまえ

● ☐に　あてはまる　かずを　かきましょう。

①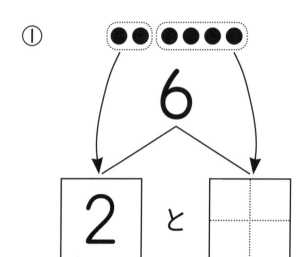

②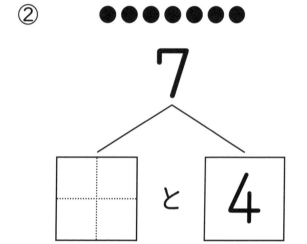

③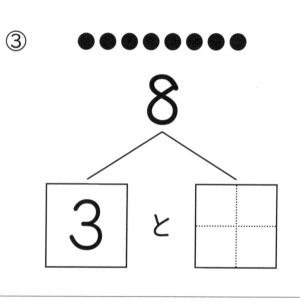

④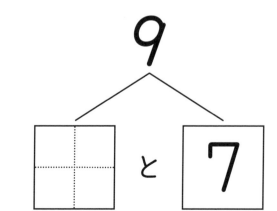

⑤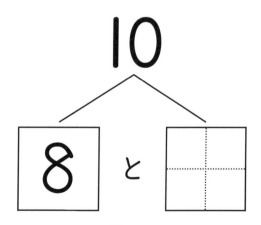

⑥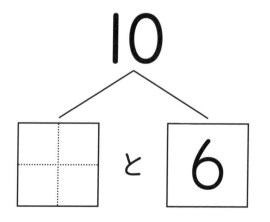

いくつと いくつ (9)

● こどもは　ぜんぶで　10にん　います。きで　かくれて　いるのは　なんにんですか。

5にん

①

かくれているのは

□ にん

6にん

②

かくれているのは

□ にん

3にん

③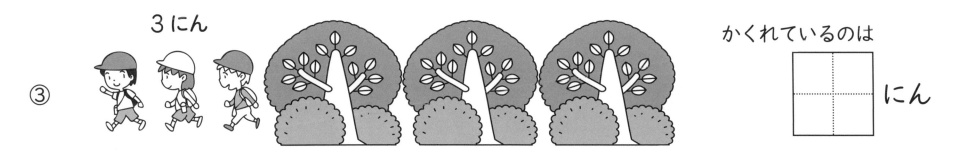

かくれているのは

□ にん

いくつと いくつ (10)

● ☐に あてはまる かずを かきましょう。

① 4と ☐ で 10　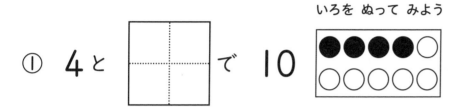

いろを ぬって みよう

② 7と ☐ で 10

③ 5と ☐ で 10

④ 9と ☐ で 10

● ☐に あてはまる かずを かきましょう。

① ☐ と 8で 10　

いろを ぬって みよう

② ☐ と 6で 10

③ ☐ と 9で 10

④ ☐ と 3で 10　

たしざん （1）

		なまえ
がつ	にち	

● あわせて なんびきですか。

あわせる

ねこが 2 ひき　　ねこが 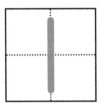1 ぴき

あわせて

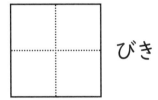 びき

● あわせて なんこですか。

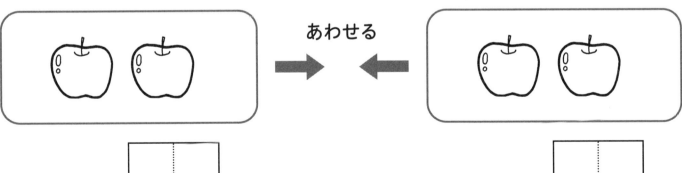

あわせる

りんごが  こ　　りんごが 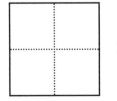 こ

あわせて

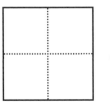 こ

たしざん (2)

		なまえ
がつ	にち	

● あわせて　なんびきですか。しきに　かきましょう。

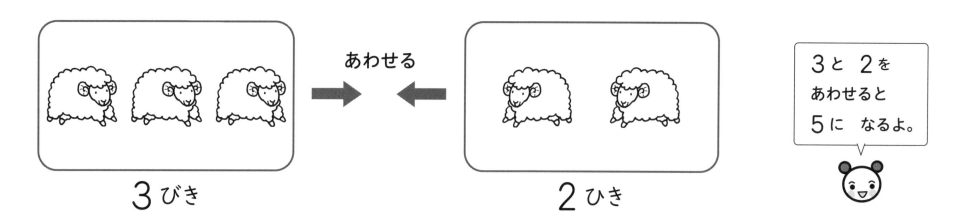

3びき　あわせる　2ひき

3と 2を
あわせると
5に なるよ。

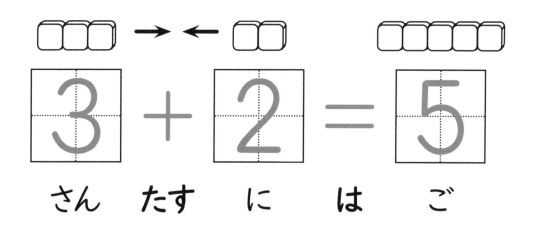

3 ＋ 2 ＝ 5

さん　たす　に　は　ご

れんしゅう

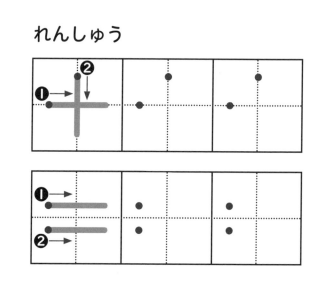

たしざん (3)

5までの たしざん

● あわせて　なんにんですか。

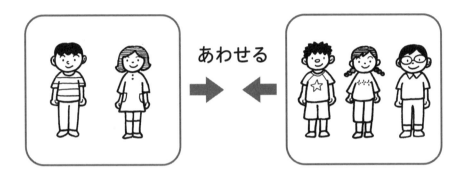

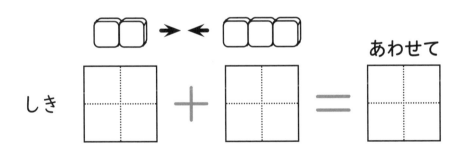

しき

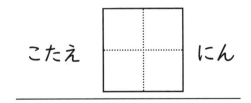

こたえ　　　にん

● あわせて　なんこですか。

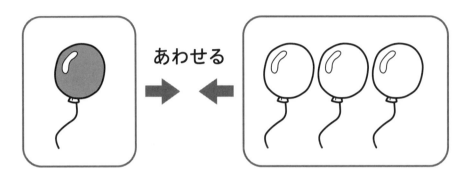

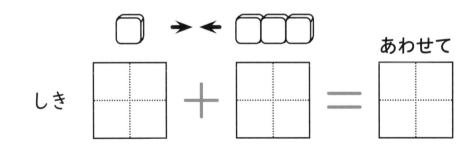

しき

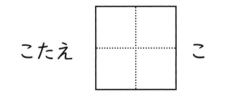

こたえ　　　こ

たしざん (4)

5までの たしざん

● 3だい ふえると なんだいですか。

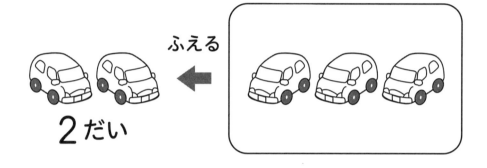

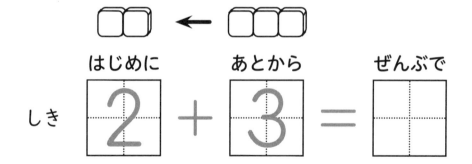

はじめに　　あとから　　ぜんぶで

しき　$2 + 3 =$ 　

こたえ 　　だい

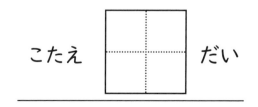

● 2わ ふえると なんわですか。

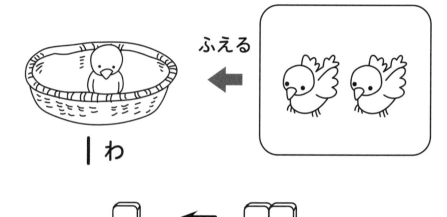

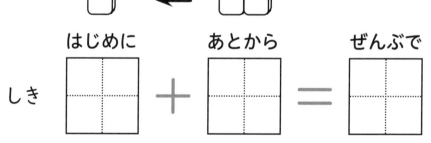

はじめに　　あとから　　ぜんぶで

しき　$\square + \square = \square$

こたえ 　　わ

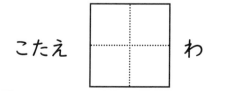

		なまえ
がつ	にち	

●  を　かぞえて　たしざんを　しましょう。

①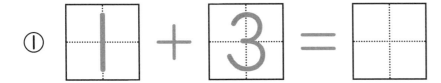

④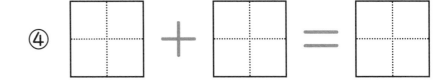

②

⑤

③

たしざん（6）　　　5までの　たしざん

● たしざんを　しましょう。

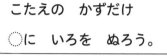
こたえの　かずだけ
○に　いろを　ぬろう。

① 2 ＋ 1 ＝

④ 1 ＋ 3 ＝

② 2 ＋ 3 ＝

⑤ 3 ＋ 2 ＝

③ 1 ＋ 4 ＝

⑥ 2 ＋ 2 ＝

46

たしざん (7)　　　5までの　たしざん

● たしざんを　しましょう。

① $2 + 3 =$

② $3 + 1 =$

③ $1 + 1 =$

④ $2 + 1 =$

⑤ $1 + 4 =$

⑥ $2 + 2 =$

⑦ $1 + 2 =$

⑧ $3 + 2 =$

⑨ $1 + 3 =$

⑩ $4 + 1 =$

たしざん (8)

10までの たしざん

● あわせて なんわですか。

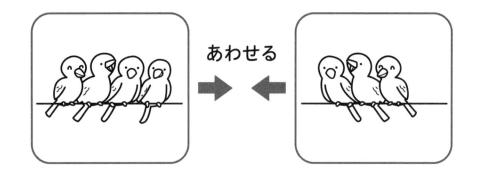

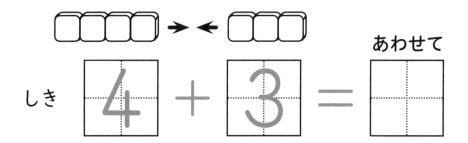

しき $4 + 3 =$ あわせて

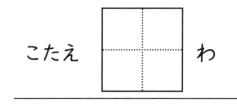

こたえ わ

● あわせて なんこですか。

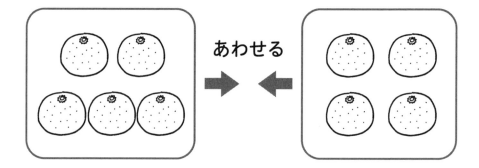

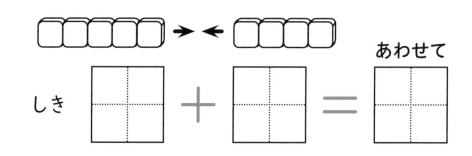

しき $+ =$ あわせて

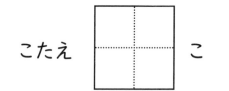

こたえ こ

48

たしざん (9)

10までの たしざん

● 2ひき ふえると なんびきですか。

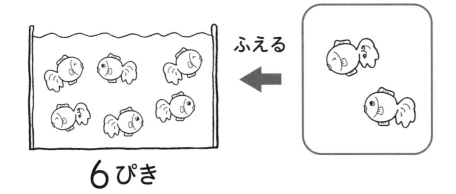

6ぴき

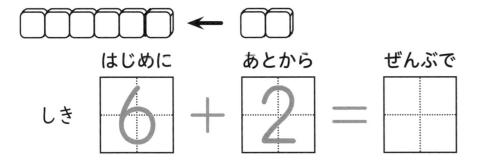

	はじめに		あとから		ぜんぶで

しき　6 ＋ 2 ＝ □

こたえ □ ひき

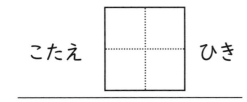

● 6こ ふえると なんこですか。

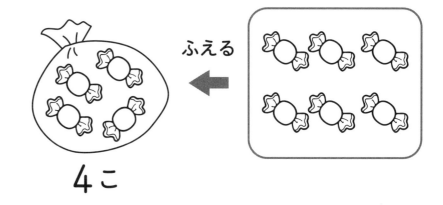

4こ

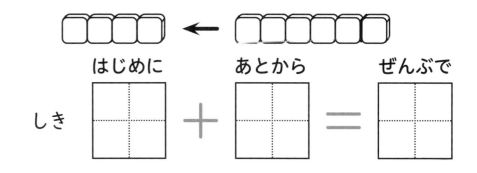

	はじめに		あとから		ぜんぶで

しき　□ ＋ □ ＝ □

こたえ □ こ

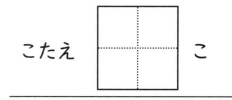

49

たしざん (10)

10までの　たしざん

● □を　かぞえて　たしざんを　しましょう。

①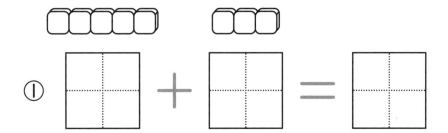

②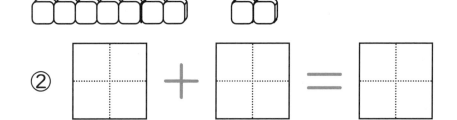

③

④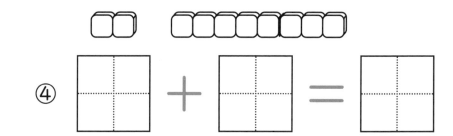

⑤

たしざん（11）　　10までの たしざん

● たしざんを　しましょう。

① 3 + 5 =

② 6 + 1 =

③ 2 + 6 =

④ 7 + 3 =

⑤ 5 + 2 =

⑥ 3 + 6 =

たしざん (12)

10までの　たしざん

● たしざんを　しましょう。

① 8 ＋ 2 ＝

② 2 ＋ 5 ＝

③ 6 ＋ 3 ＝

④ 3 ＋ 3 ＝

⑤ 5 ＋ 5 ＝

⑥ 1 ＋ 7 ＝

たしざん (13)

10までの たしざん

● たしざんを しましょう。

〇を かいたり, いろを ぬったりして かんがえよう。

① 2 + 7 =

② 4 + 2 =

③ 6 + 4 =

④ 8 + 1 =

⑤ 1 + 6 =

⑥ 4 + 4 =

⑦ 2 + 4 =

⑧ 3 + 7 =

たしざん (14)　　　10までの　たしざん

● たしざんを　しましょう。

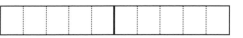
〇を　かいたり，いろを
ぬったりして　かんがえよう。

① 3 + 4 =

② 5 + 3 =

③ 7 + 2 =

④ 2 + 8 =

⑤ 4 + 5 =

⑥ 8 + 1 =

⑦ 6 + 3 =

⑧ 2 + 5 =

たしざん（15）　10までの　たしざん

		なまえ
がつ	にち	

● たしざんを　しましょう。

① $2 + 6 =$ □

② $5 + 2 =$ □

③ $1 + 8 =$ □

④ $8 + 2 =$ □

⑤ $4 + 3 =$ □

⑥ $3 + 5 =$ □

⑦ $4 + 6 =$ □

⑧ $5 + 4 =$ □

⑨ $3 + 3 =$ □

⑩ $6 + 1 =$ □

たしざん (16)

0の たしざん

● あわせると　なんびきですか。

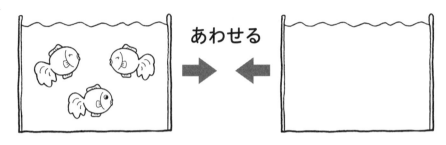

 びき　　　　 ひき

しき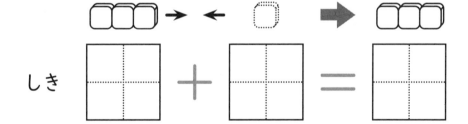

こたえ　　　　びき

● たしざんを　しましょう。

① $7 + 0 =$

② $0 + 5 =$

③ $0 + 0 =$

④ $10 + 0 =$

56

たしざん (17)　　ぶんしょうだい

● にわとりが　3わ　います。
ひよこが　5わ　います。
あわせて　なんわですか。

　にわとり 🔲 わ

ひよこ 🔲 わ

しき 🔲 ＋ 🔲 ＝ 🔲

にわとり　　ひよこ　　あわせて

こたえ 🔲 わ

● あかい　りんごが　6こ　あります。
みどりの　りんごが　4こ　あります。
あわせて　なんこですか。

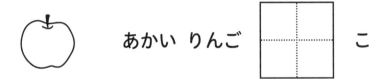　あかい りんご 🔲 こ

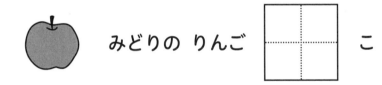　みどりの りんご 🔲 こ

しき 🔲 ＋ 🔲 ＝ 🔲

あかい りんご　　みどりの りんご　　あわせて

こたえ 🔲 こ

たしざん (18)　　ぶんしょうだい

● えんぴつが　2ほん　あります。

　7ほん　もらいました。

　えんぴつは　<u>ぜんぶで</u>　なんぼんに

なりましたか。

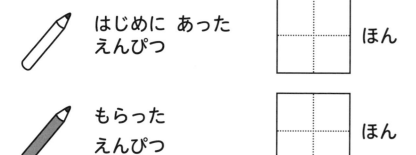

はじめに あった　えんぴつ　　ほん

もらった　えんぴつ　　ほん

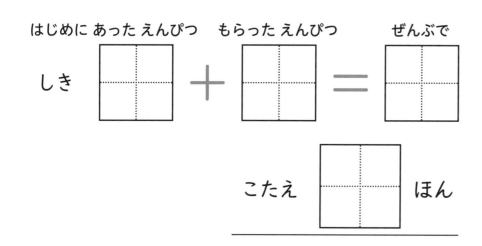

はじめに あった えんぴつ　もらった えんぴつ　　ぜんぶで

しき 　□　＋　□　＝　□

こたえ　□　ほん

● いけに　かめが　4ひき　います。

　3びき　かめが　ふえました。

　かめは　<u>ぜんぶで</u>　なんびきに

なりましたか。

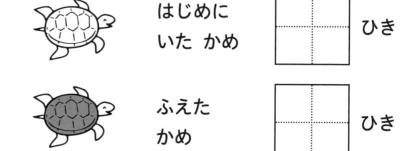

はじめに いた かめ　　ひき

ふえた かめ　　ひき

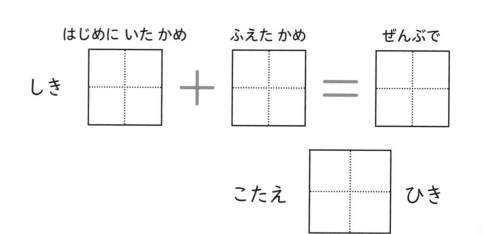

はじめに いた かめ　　ふえた かめ　　ぜんぶで

しき 　□　＋　□　＝　□

こたえ　□　ひき

ひきざん（1）

5までの　ひきざん

● のこりは　なんびきですか。

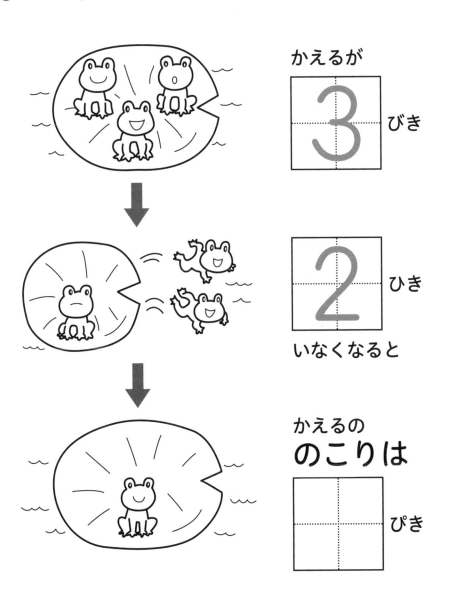

かえるが

3 びき

2 ひき

いなくなると

かえるの
のこりは

ぴき

● のこりは　なんこですか。

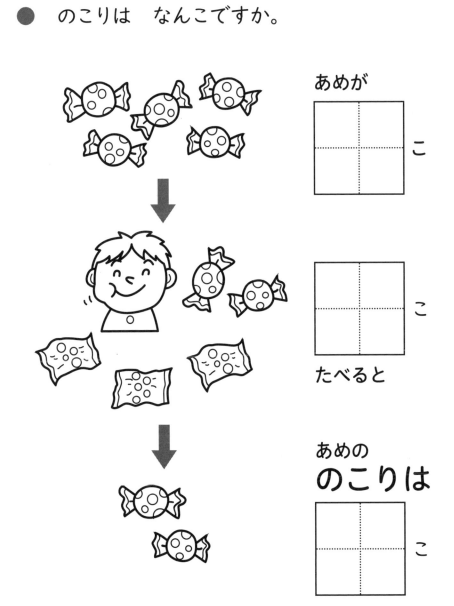

あめが

こ

こ

たべると

あめの
のこりは

こ

59

ひきざん (2)

5までの ひきざん

● のこりは なんだいですか。

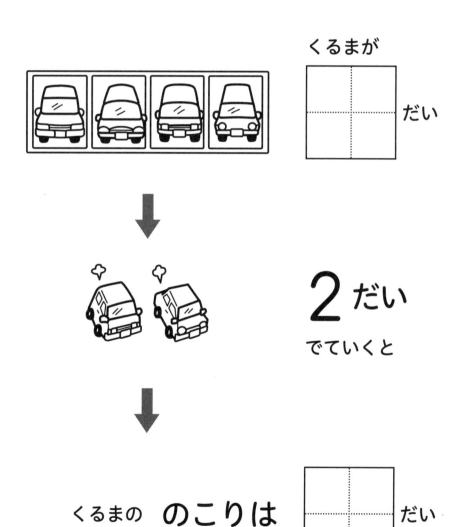

くるまが

☐ だい

2 だい

でていくと

くるまの のこりは ☐ だい

● のこりは なんこですか。

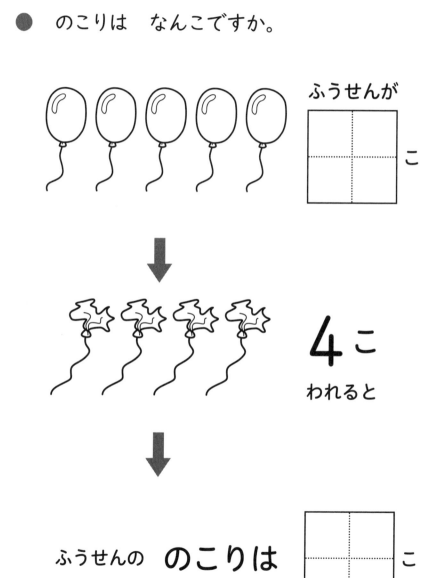

ふうせんが

☐ こ

4 こ

われると

ふうせんの のこりは ☐ こ

		なまえ
がつ	にち	

● のこりは　なんこですか。しきに　かきましょう。

みかんが

5こ

しき

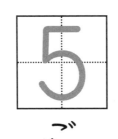

ご　　ひく　　に　　は　　さん

2こ

たべると

こたえ こ

のこりは

3こ

れんしゅう

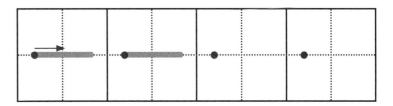

ひきざん （4）

5までの ひきざん

● のこりは なんわですか。

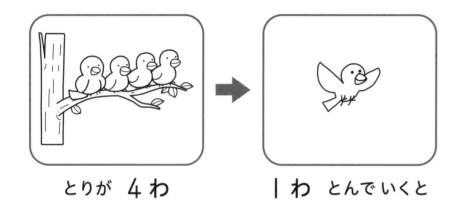

とりが 4わ　　　1わ とんで いくと

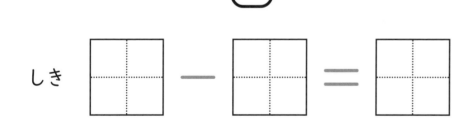

しき ☐ ― ☐ = ☐

こたえ ☐ わ

● のこりは なんまいですか。

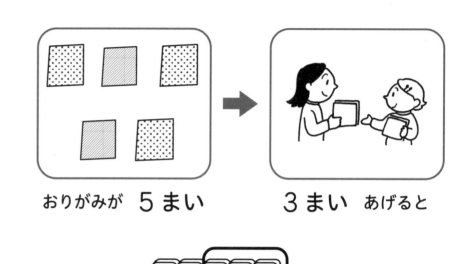

おりがみが 5まい　　　3まい あげると

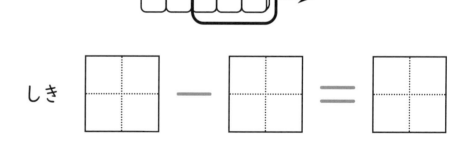

しき ☐ ― ☐ = ☐

こたえ ☐ まい

62

ひきざん (5)

5までの ひきざん

		なまえ
がつ	にち	

● ▢を みて ひきざんを しましょう。

① $4 - 2 = \boxed{}$

② $\boxed{} - \boxed{} = \boxed{}$

③ $\boxed{} - \boxed{} = \boxed{}$

④ $\boxed{} - \boxed{} = \boxed{}$

⑤ $\boxed{} - \boxed{} = \boxed{}$

ひきざん (6)

5までの　ひきざん

● ひきざんを　しましょう。

しきを　なぞって
こたえを　かこう。

① 2 － 1 =

② 3 － 1 =

③ 4 － 2 =

④ 5 － 3 =

⑤ 4 － 1 =

⑥ 5 － 2 =

ひきざん (7)

5までの　ひきざん

● ひきざんを　しましょう。

●に　ひく　かずだけ
×を　つけて　みよう。

① 3 − 2 = ☐

② 4 − 3 = ☐

③ 5 − 1 = ☐

④ 5 − 4 = ☐

⑤ 3 − 1 = ☐

⑥ 4 − 2 = ☐

65

ひきざん (8)

5までの ひきざん

● ひきざんを しましょう。

① 4 − 1 =

② 5 − 4 =

③ 3 − 1 =

④ 5 − 2 =

⑤ 4 − 3 =

⑥ 3 − 2 =

⑦ 4 − 2 =

⑧ 5 − 3 =

⑨ 2 − 1 =

⑩ 5 − 1 =

ひきざん (9)

10までの ひきざん

● のこりは なんびきですか。

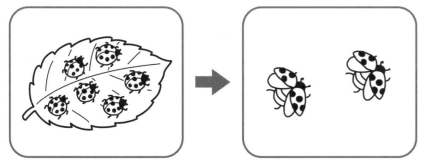

てんとうむしが **6ぴき**　　**2ひき** とんで いくと

しき

$$6 - 2 = \boxed{}$$

こたえ $\boxed{}$ ひき

● のこりは なんびきですか。

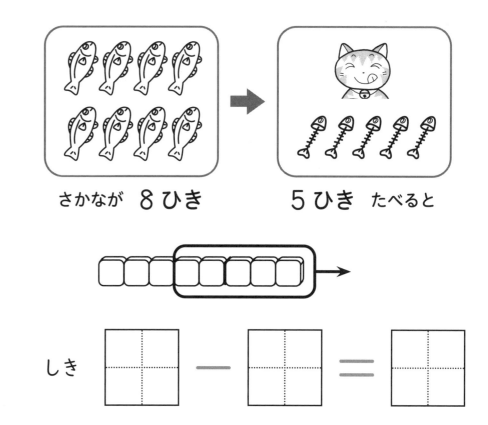

さかなが **8ひき**　　**5ひき** たべると

しき

$$\boxed{} - \boxed{} = \boxed{}$$

こたえ $\boxed{}$ びき

ひきざん (10)

10までの　ひきざん

● のこりは　なんにんですか。

こどもが　7にん

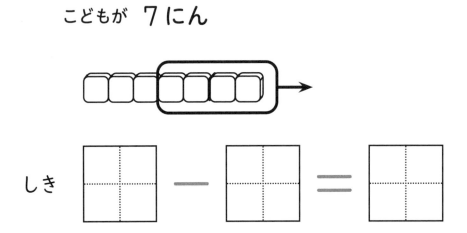

しき

こたえ　□　にん

● のこりは　なんこですか。

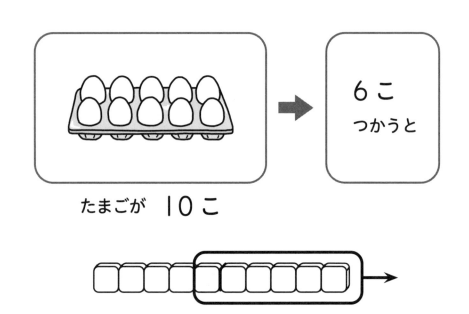

たまごが　10こ

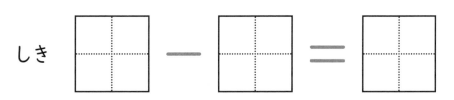

しき

こたえ　□　こ

ひきざん (11)

10までの ひきざん

● ▢を みて ひきざんを しましょう。

①

$9 - 3 = \boxed{}$

②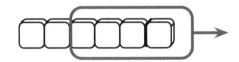

$\boxed{} - \boxed{} = \boxed{}$

③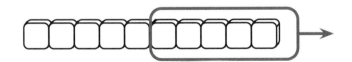

$\boxed{} - \boxed{} = \boxed{}$

④

$\boxed{} - \boxed{} = \boxed{}$

⑤

$\boxed{} - \boxed{} = \boxed{}$

⑥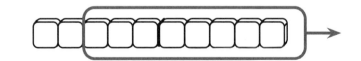

$\boxed{} - \boxed{} = \boxed{}$

69

ひきざん （12）

		なまえ
がつ	にち	

● ひきざんを　しましょう。

●●●●●●●●●
① 9 － 7 ＝

●●●●●●
② 6 － 3 ＝

●●●●●●●●
③ 8 － 4 ＝

●●●●●●●●●●
④ 10 － 7 ＝

●●●●●●●●●●
⑤ 10 － 3 ＝

●●●●●●●
⑥ 7 － 5 ＝

●●●●●●●●●
⑦ 9 － 6 ＝

●●●●●●●●
⑧ 8 － 2 ＝

70

ひきざん （13）

		なまえ
がつ	にち	

● ひきざんを しましょう。

① ●●●●●●●●●●
10 − 2 =

② ●●●●●●●
7 − 3 =

③ ●●●●●●●●●
9 − 5 =

④ ●●●●●●
6 − 1 =

⑤ ●●●●●●●
7 − 6 =

⑥ ●●●●●●●●
8 − 3 =

⑦ ●●●●●●●●●●
10 − 4 =

⑧ ●●●●●●●●●
9 − 2 =

ひきざん（14）

10までの　ひきざん

がつ	にち	なまえ

● ひきざんを　しましょう。

① $6 - 4 =$

② $6 - 2 =$

③ $6 - 5 =$

④ $6 - 3 =$

● ひきざんを　しましょう。

① $7 - 5 =$

② $7 - 3 =$

③ $7 - 4 =$

④ $7 - 2 =$

ひきざん（15）　　10までの　ひきざん

● ひきざんを　しましょう。

① $8 - 5 =$

② $8 - 6 =$

③ $8 - 2 =$

④ $8 - 4 =$

● ひきざんを　しましょう。

① $9 - 5 =$

② $9 - 7 =$

③ $9 - 2 =$

④ $9 - 4 =$

ひきざん（16）　　10までの　ひきざん

● ひきざんを　しましょう。

① 10 − 7 =

② 10 − 4 =

③ 10 − 1 =

④ 10 − 5 =

● ひきざんを　しましょう。

① 10 − 3 =

② 10 − 9 =

③ 10 − 6 =

④ 10 − 2 =

74

ひきざん (17)　　　0の　ひきざん

● のこりは　なんこですか。

 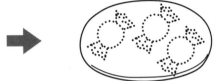

あめが　3こ　　　　3こ　たべると

しき

3 − 3 = ☐　　こたえ ☐ こ

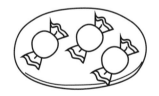 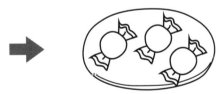

あめが　3こ　　　1こも　たべないと

しき

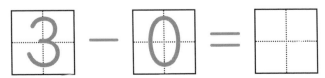

3 − 0 = ☐　　こたえ ☐ こ

● ひきざんを　しましょう。

① 4 − 4 = ☐

② 5 − 0 = ☐

③ 0 − 0 = ☐

④ 10 − 0 = ☐

75

ひきざん (18)　　ぶんしょうだい

● じゃがいもが　9こ　ありました。

りょうりに　5こ　つかいました。

のこりの　じゃがいもは　なんこに

なりましたか。

　はじめに あった
じゃがいも　□　こ

　つかった
じゃがいも　□　こ

はじめに あった じゃがいも　　つかった じゃがいも　　のこりは

しき　□ － □ ＝ □

こたえ　□　こ

● いけに　あひるが　6わ　います。

4わ　いけから　でて　いきました。

のこりの　あひるは　なんわに

なりましたか。

　はじめに いた
あひる　□　わ

　でて いった
あひる　□　わ

はじめに いた あひる　　でて いった あひる　　のこりは

しき　□ － □ ＝ □

こたえ　□　わ

76

ひきざん (19) ぶんしょうだい

● たいやきを　10こ　もらいました。

みんなで　7こ　たべました。

<u>のこりの</u>　たいやきは　なんこに

なりましたか。

 はじめに あった
たいやき 　□ こ

 たべた たいやき 　□ こ

しき　はじめに あった たいやき　たべた たいやき　のこりは

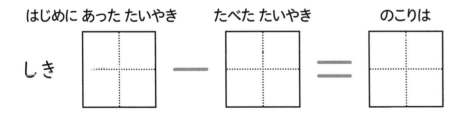

こたえ　□ こ

● けえきを　7こ　やきました。

ともだちに　3こ　あげました。

<u>のこりの</u>　けえきは　なんこに

なりましたか。

 はじめに あった
けえき 　□ こ

 ともだちに
あげた けえき 　□ こ

しき　はじめに あった けえき　あげた けえき　のこりは

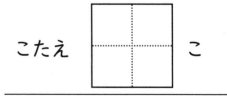

こたえ　□ こ

77

ひきざん (20)

こちらは いくつ

● はなが 7ほん さいて います。

 は 3ぼんです。

 は なんぼんですか。

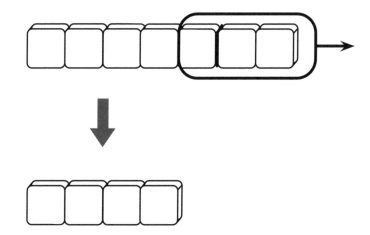

しき

$$7 - 3 = \boxed{}$$

こたえ $\boxed{}$ ほん

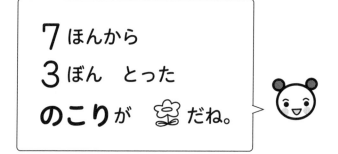

7ほんから
3ぼん とった
のこりが だね。

78

● そふとくりいむが　6こ　あります。

　は　4こです。

　は　なんこですか。

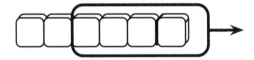

しき ☐ ー ☐ ＝ ☐

こたえ ☐ こ

● いぬが　8ひき　います。

そのうち　おすの　いぬは　3びきです。

めすの　いぬは　なんびきですか。

しき ☐ ー ☐ ＝ ☐

こたえ ☐ ひき

ひきざん (22)

たしざんかな
ひきざんかな

● いもほりで いもを ┌10こ┐ とりました。

┌6こ┐ やいて たべました。

のこりの いもは なんこに なりますか。

えや ずを かいて みよう

どちらかに
○を つけよう
（ たしざん ・ ひきざん ）

しき

こたえ □ こ

● ちゃいろの うまが ┌3とう┐ います。

しろいろの うまが ┌5とう┐ います。

うまは あわせて なんとうですか。

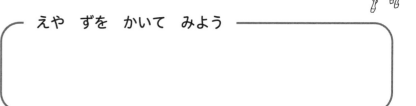

えや ずを かいて みよう

どちらかに
○を つけよう
（ たしざん ・ ひきざん ）

しき

こたえ □ とう

ひきざん （23）

たしざんかな
ひきざんかな

● ちゅうしゃじょうに くるまが 6だい とまって います。

2だい はいって きました。

くるまは ぜんぶで なんだいに なりましたか。

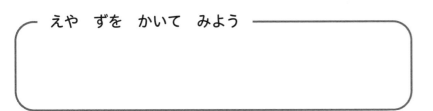

┌─ えや ずを かいて みよう ─────┐
│ │
│ │
└─────────────────────┘

どちらかに
〇を つけよう （ たしざん ・ ひきざん ）

しき

こたえ ▢ だい

● こうえんで こどもが 9にん あそんで います。そのうち 4にんが かえりました。

のこりの こどもは なんにんに なりましたか。

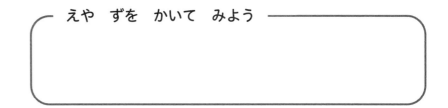

┌─ えや ずを かいて みよう ─────┐
│ │
│ │
└─────────────────────┘

どちらかに
〇を つけよう （ たしざん ・ ひきざん ）

しき

こたえ ▢ にん

ちがいは いくつ (1)

●  ねこ は  いぬ より　なんびき　おおいですか。

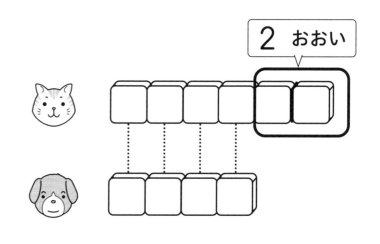

2 おおい

6 ぴき

4 ひき

おおいのは （  ・ ）

〇を　つけよう

しき

おおい かず　　すくない かず　　ちがい

6 − 4 =

こたえ 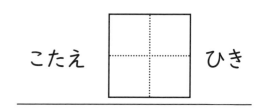 ひき

82

ちがいは いくつ (2)

●  くるま は ばす より なんだい

おおいですか。

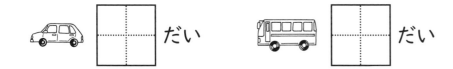

 だい ・・・ だい

おおいのは （ 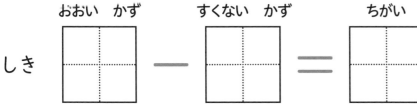 ）

しき

おおい かず ー すくない かず ＝ ちがい

こたえ ・・・ だい

●　ぷりん は　ぜりぃ より　なんこ　おおいですか。

 こ ・・・ こ

おおいのは （  ）

しき

おおい かず ー すくない かず ＝ ちがい

こたえ ・・・ こ

ちがいは　いくつ (3)

●  こあら と ぱんだ は　どちらが　なんとう　おおいですか。

おおいのは　（ 🐨 ・ 🐼 ）

〇を　つけよう

しき　$8 - 5 =$

おおい　かず　　すくない　かず　　ちがい

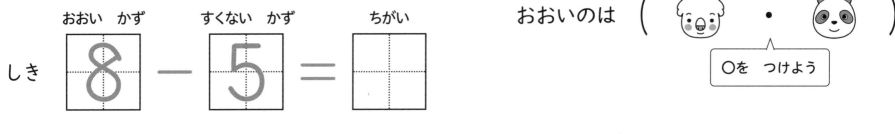

こたえ　（ こあら ・ ぱんだ ）が 　とう　おおい。

84

ちがいは　いくつ（4）

● かめと　かには　どちらが　なんびき　おおいですか。

かめ ☐ ひき　　　かに ☐ ひき

おおいのは （　かめ　・　かに　）

しき

おおい　かず ☐ ─ すくない　かず ☐ ＝ ちがい ☐

こたえ ☐ が ☐ ひき　おおい。

● とまとと　きゃべつは　どちらが　なんこ　おおいですか。

とまと ☐ こ　　　きゃべつ ☐ こ

おおいのは （　とまと　・　きゃべつ　）

しき

おおい　かず ☐ ─ すくない　かず ☐ ＝ ちがい ☐

こたえ ☐ が ☐ こ　おおい。

85

ちがいは　いくつ (5)

● えんぴつと　けしごむの　かずの　ちがいは
いくつですか。

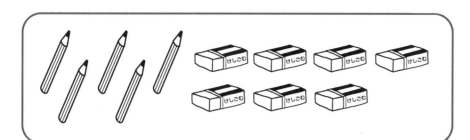

えんぴつ ☐ ほん　　けしごむ ☐ こ

おおいのは （　えんぴつ　・　けしごむ　）

しき
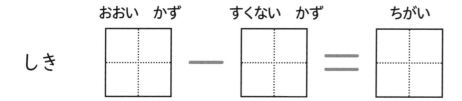

こたえ

● にわとりと　ひよこの　かずの　ちがいは
なんわですか。

にわとり ☐ わ　　ひよこ ☐ わ

おおいのは （　にわとり　・　ひよこ　）

しき
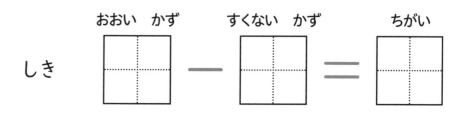

こたえ 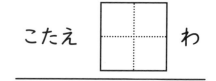 わ

かずを　せいりしよう　(1)

		なまえ
がつ	にち	

● やさいの　かずを　しらべましょう。

やさいの　かずだけ　いろを　ぬろう。

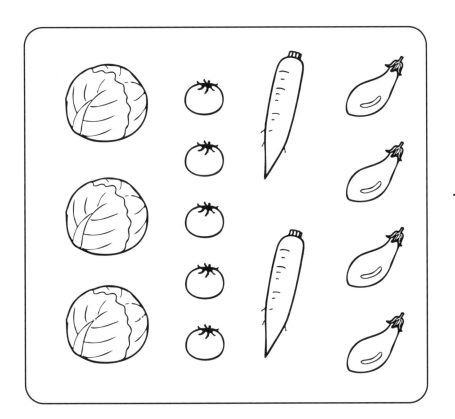

せいりしよう →

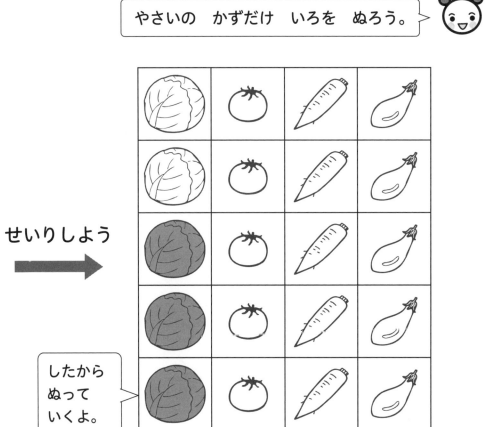

したから　ぬって　いくよ。

いちばん　おおい　やさいは　□　です。

かずを　せいりしよう (2)

		なまえ	
がつ	にち		

● おやつの　かずを　しらべましょう。

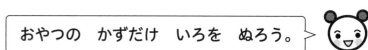

せいりしよう →

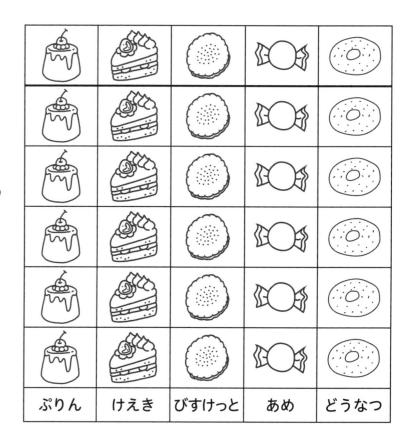

ぷりん	けえき	びすけっと	あめ	どうなつ

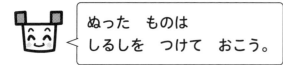
ぬった　ものは
しるしを　つけて　おこう。

いちばん　おおい　おやつは　　　　　　　　　です。

20 までの かず (1)

● はちは なんびきですか。

じゅう
10を せんで かこみましょう。

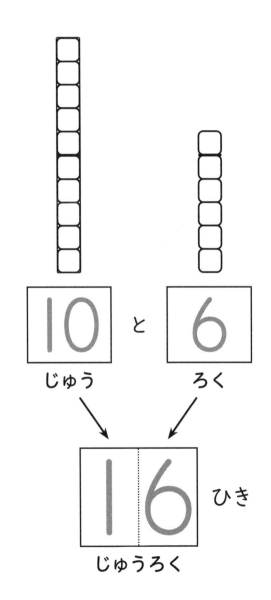

10	と	6
じゅう		ろく

16 ひき

じゅうろく

20までの　かず (2)

● とりは　なんわですか。

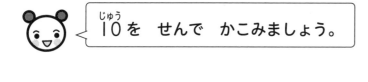

10を　せんで　かこみましょう。

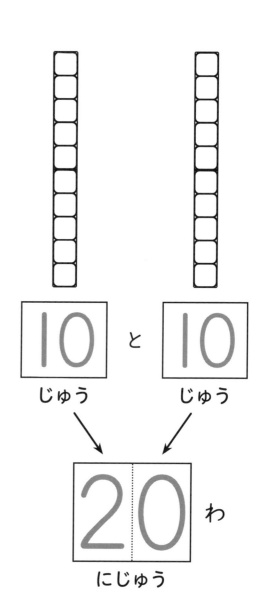

90

20までの　かず（3）

● けえきは　なんこですか。

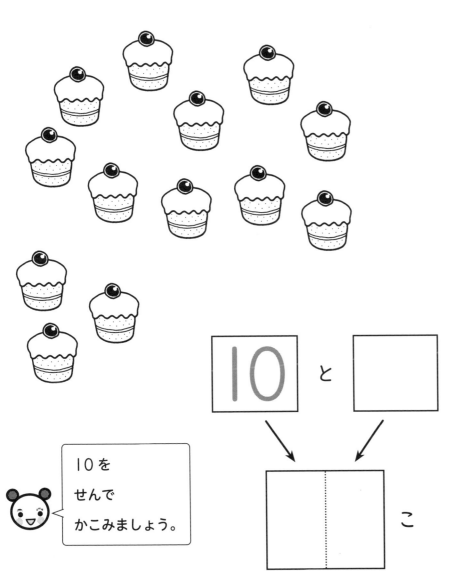

10 と ☐

↓　↓

☐

こ

10を
せんで
かこみましょう。

● えんぴつは　なんぼんですか。

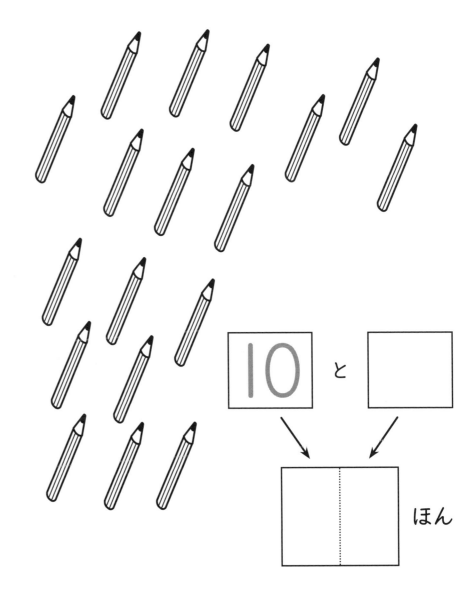

10 と ☐

↓　↓

☐

ほん

20 までの　かず (4)

すうじを
かいて
10 から
よんで いこう。

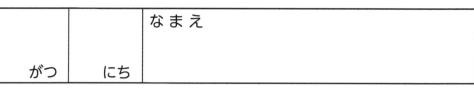

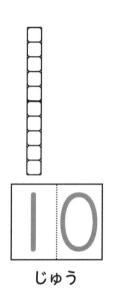
じゅう

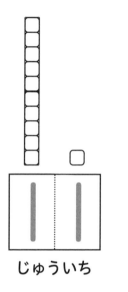
じゅういち

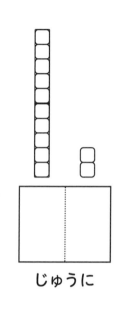
じゅうに

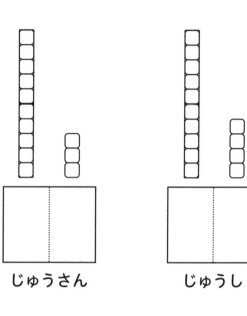
じゅうさん　じゅうし

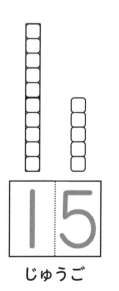
じゅうご

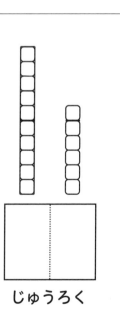
じゅうろく

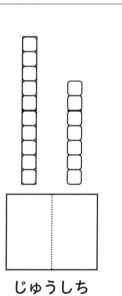
じゅうしち

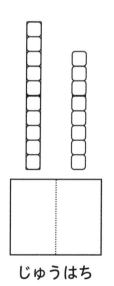
じゅうはち

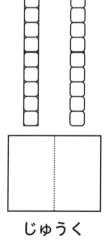
じゅうく

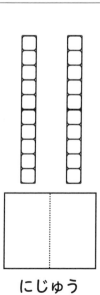
にじゅう

92

20までの かず (5)

● かずを かきましょう。

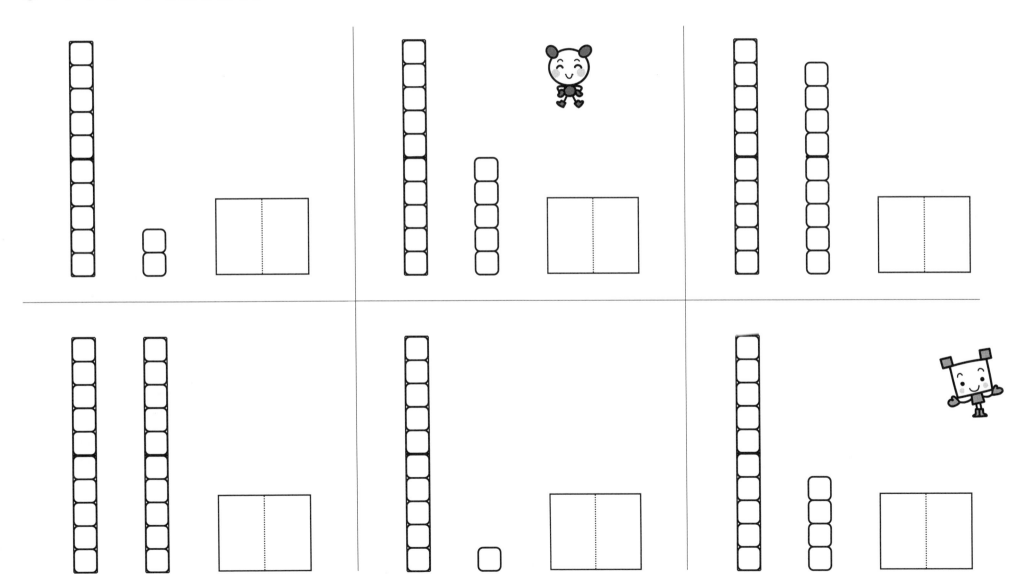

93

20までの　かず（6）

● おにぎりの　かずを　かぞえましょう。

2, 4, 6, …と
2の　まとまりで　かぞえよう。

こ

● とりの　かずを　かぞえましょう。

5わずつに　なって　いるよ。

わ

20までの　かず（7）

● □に　かずを　かきましょう。

①

17

| 10 | と | 7 |

②

14

| 10 | と | □ |

③ 13は　10と □

④ 16は　10と □

⑤ 20は　10と □

95

20までの かず (8)

● □に かずを かきましょう。

① 10と 4で [ ]

② 10と 9で [ ]

③ 18は 10と [ ]

④ 15は 10と [ ]

● □に かずを かきましょう。

①
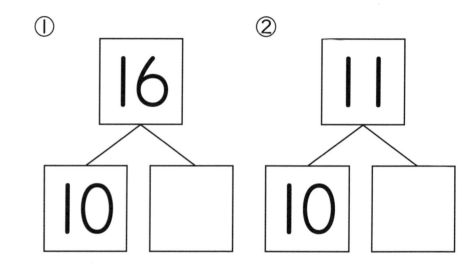

②

③
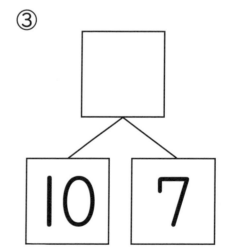

20までの かず (9)

 かずのせん を みて こたえましょう。

● つぎの かずは いくつですか。

① 10より 2 おおきい かず

② 12より 3 おおきい かず

③ 20より 2 ちいさい かず

④ 17より 3 ちいさい かず

20までの　かず（10）

● かずのせん の □に かずを かきましょう。

0から じゅんに よんで いこう。

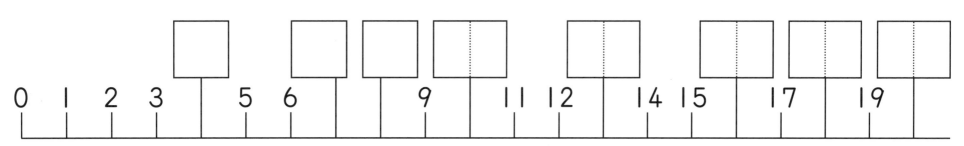

● おおきい ほうに ○を つけましょう。

① 11 と 9

② 14 と 17

③ 20 と 18

④ 10 と 12

20までの　かず（11）

● □に　かずを　かきましょう。

①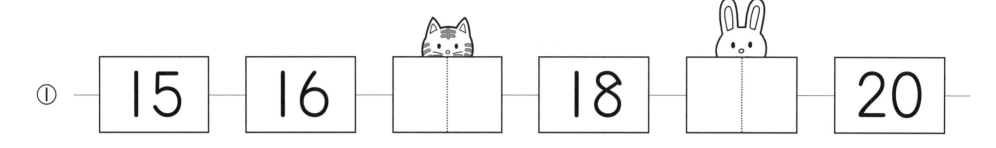

15　16　□　18　□　20

②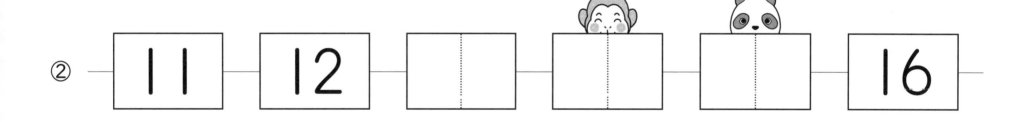

11　12　□　□　□　16

③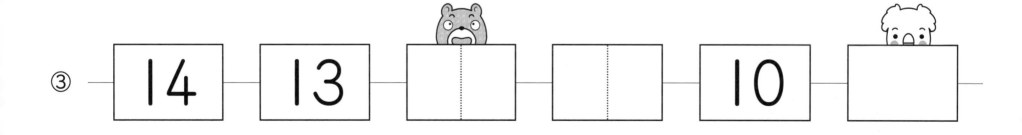

14　13　□　□　10　□

20までの　かず（12）

たしざん

● けいさんを　しましょう。

① $10 + 8 = $

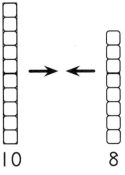

10　　8

② $12 + 4 = $

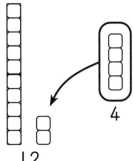

4
12

③ $10 + 5 = $

④ $10 + 10 = $

⑤ $13 + 2 = $

⑥ $16 + 3 = $

⑦ $11 + 5 = $

20 までの かず (13)

ひきざん

● けいさんを しましょう。

① 17 - 7 = ☐

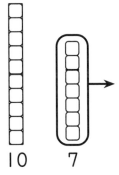
10　7

② 18 - 6 = ☐

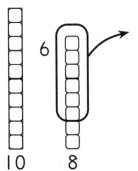
6
10　8

③ 12 - 2 = ☐

④ 15 - 5 = ☐

⑤ 19 - 7 = ☐

⑥ 16 - 3 = ☐

⑦ 14 - 2 = ☐

101

P.4

なかまづくりと かず（1）

		なまえ
がつ	にち	

おなじ どうぶつを せんで かこみましょう。

P.5

なかまづくりと かず（2）

		なまえ
がつ	にち	

● えの かずだけ ○に いろを ぬりましょう。

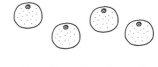

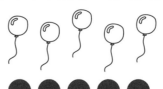

P.6

なかまづくりと かず（3）

		なまえ
がつ	にち	

● えの かずだけ ○に いろを ぬりましょう。

P.7

なかまづくりと かず（4）

		なまえ
がつ	にち	

● 3の なかまを せんで かこみましょう。

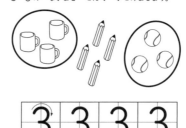

● 1の なかまを せんで かこみましょう。

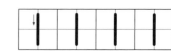

102

P.8

なかまづくりと　かず（5）

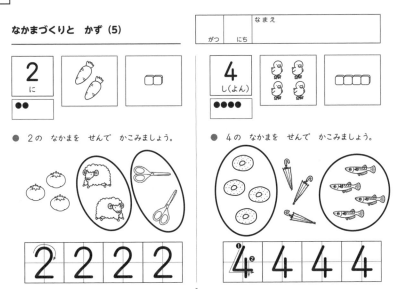

● 2の　なかまを　せんで　かこみましょう。

● 4の　なかまを　せんで　かこみましょう。

P.9

なかまづくりと　かず（6）

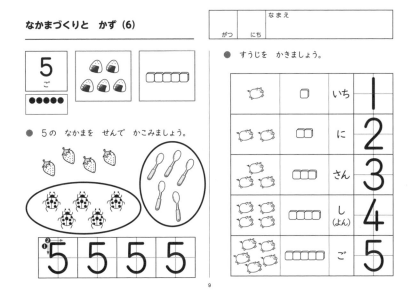

● 5の　なかまを　せんで　かこみましょう。

● すうじを　かきましょう。

P.10

なかまづくりと　かず（7）

● いくつですか。すうじを　かきましょう。

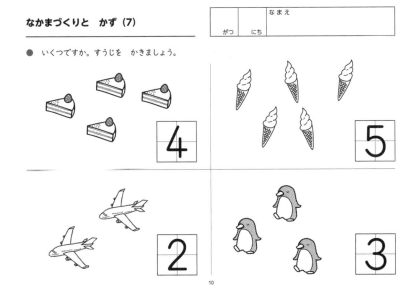

P.11

なかまづくりと　かず（8）

● すうじの　かずだけ　えに　いろを　ぬりましょう。

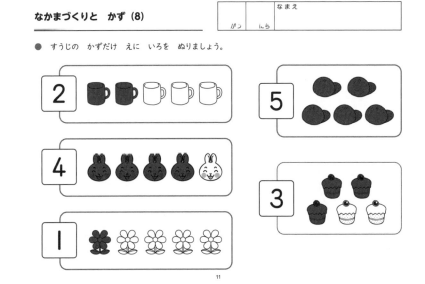

P.12

なかまづくりと　かず（9）

		なまえ
がつ	にち	

● すうじの　かずだけ　○を　かきましょう。

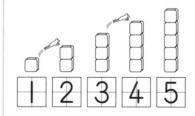
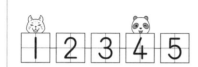

● ⊞に　１から　５まで　かずを　かきましょう。

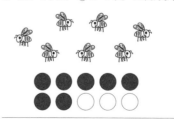

| 1 | 2 | 3 | 4 | 5 |

| 1 | 2 | 3 | 4 | 5 |

P.13

なかまづくりと　かず（10）

		なまえ
がつ	にち	

● えの　かずだけ　○に　いろを　ぬりましょう。

P.14

なかまづくりと　かず（11）

		なまえ
がつ	にち	

6 ろく		

● 6の　なかまを　せんで　かこみましょう。

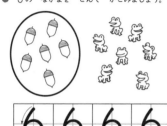

6 6 6 6

7 しち（なな）		

● 7の　なかまを　せんで　かこみましょう。

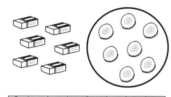

7 7 7 7

P.15

なかまづくりと　かず（12）

		なまえ
がつ	にち	

8 はち		

● 8の　なかまを　せんで　かこみましょう。

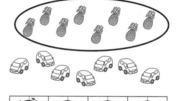

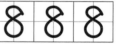

8 8 8 8

9 く（きゅう）		

● 9の　なかまを　せんで　かこみましょう。

9 9 9 9

なかまづくりと　かず（13）

がつ　にち　なまえ

10
じゅう

● 10の　なかまを　せんて　かこみましょう。

① ② 10 10 10 10 10

● すうじを　かきましょう。

☆☆☆☆☆ ☆	□□□□ □	ろく	6
☆☆☆☆☆ ☆☆	□□□□ □□	しち (なな)	7
☆☆☆☆☆ ☆☆☆	□□□□ □□□	はち	8
☆☆☆☆☆ ☆☆☆☆	□□□□ □□□□	く (きゅう)	9
☆☆☆☆☆ ☆☆☆☆☆	□□□□ □□□□	じゅう	10

16

なかまづくりと　かず（14）

がつ　にち　なまえ

● いくつですか。すうじを　かきましょう。

6

7

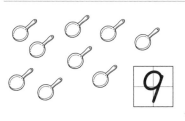

9

10

17

なかまづくりと　かず（15）

がつ　にち　なまえ

● すうじの　かずだけ　えに　いろを　ぬりましょう。

7

9

6

10

8

18

なかまづくりと　かず（16）

がつ　にち　なまえ

● すうじの　かずだけ　○を　かきましょう。

9 ○○○○○ ○○○○○

7 ○○○○○ ○○

6 ○○○○○ ○

10 ○○○○○ ○○○○○

8 ○○○○○ ○○○

19

105

P.20

なかまづくりと　かず（17）

がつ	にち	なまえ

● ⊞に　1から　10まで　かずを　かきましょう。

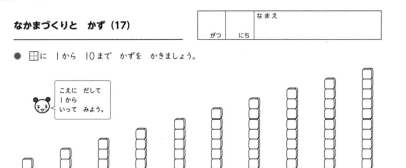

こえに　だして　1から　いって　みよう。

1　2　3　4　5　6　7　8　9　10

1　2　3　4　5　6　7　8　9　10

20

P.21

なかまづくりと　かず（18）

がつ	にち	なまえ

● ⊞に　かずを　かきましょう。

① 3　4　5　6　7

② 6　7　8　9　10

③ 10　9　8　7　6

● 1から　10までの　・（てん）を　せんで　むすびましょう。

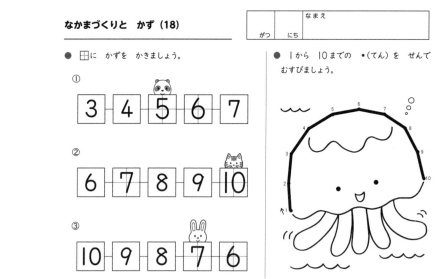

21

P.22

なかまづくりと　かず（19）

がつ	にち	なまえ

● びすけっとは　いくつ　ありますか。

2　1　0
れい

ひとつも　ない　ことを　「れい」と　いうよ。

0　0　0　0

● ⊞に　はなの　かずを　かきましょう。

2　0　3

● おさらに　みかんを　かきましょう。

3こ　　1こ　　0こ

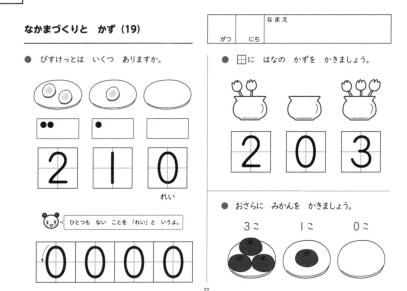

22

P.23

なかまづくりと　かず（20）

がつ	にち	なまえ

● どちらが　おおいですか。おおい　ほうの　（　）に　○を　つけましょう。

① かずを　かこう
5（○）
3（　）

② かずを　かこう
4（　）
6（○）

③
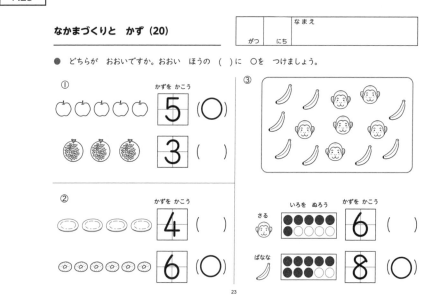

いろを　ぬろう　かずを　かこう
さる　6（　）
ばなな　8（○）

23

P.24

なかまづくりと かず (21)

	がつ	にち	なまえ

● どちらの かずが おおきいですか。おおきい ほうの かずに ○を つけましょう。

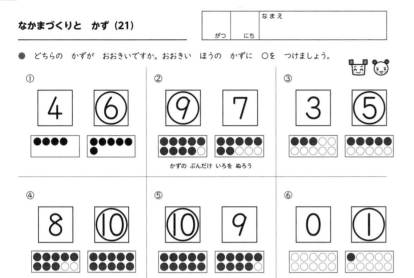

かずの ぶんだけ いろを ぬろう

P.25

なかまづくりと かず (22)

	がつ	にち	なまえ

● 1 おおきい かずを かきましょう。   ● 1 ちいさい かずを かきましょう。

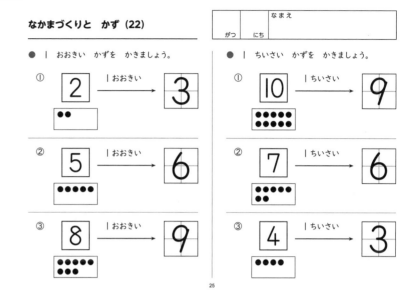

P.26

なんばんめ (1)   まえから なんばんめ

	がつ	にち	なまえ

● いろを ぬりましょう。

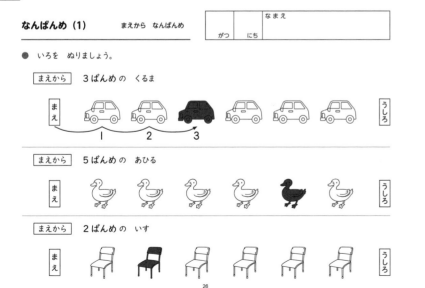

P.27

なんばんめ (2)   うしろから なんばんめ

	がつ	にち	なまえ

● いろを ぬりましょう。

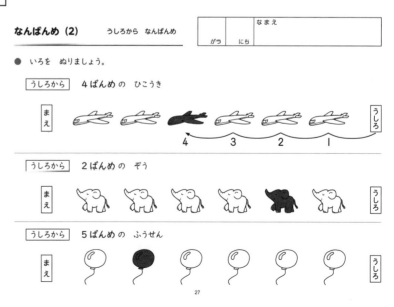

P.28

なんばんめ（3）

まえから　なんにん
うしろから　なんにん

		なまえ
がつ	にち	

● ◯で かこみましょう。

まえから　3にん

うしろから　3にん

まえから　4にん

うしろから　5にん

28

P.29

なんばんめ（4）

ひだりから　なんばんめ
みぎから　なんばんめ

		なまえ
がつ	にち	

● いろを ぬりましょう。

ひだりから　4ばんめの りんご
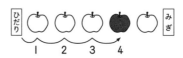

みぎから　5ばんめの けえき

ひだりから　2ばんめの いぬ

みぎから　3ばんめの はな

29

P.30

なんばんめ（5）

うえから　なんばんめ
したから　なんばんめ

		なまえ
がつ	にち	

● いろを ぬりましょう。

うえから 3ばんめの くだもの	したから 4ばんめの くだもの	うえから 5ばんめの どうぶつ	したから 3ばんめの どうぶつ

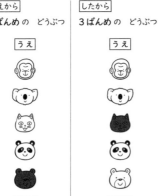

30

P.31

いくつと いくつ（1）

		なまえ
がつ	にち	

● 5は いくつと いくつに わけられますか。

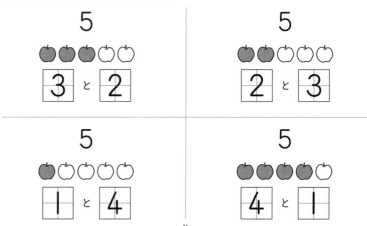

5
3 と 2

5
2 と 3

5
1 と 4

5
4 と 1

31

P.32

いくつと いくつ (2)

	がつ	にち	なまえ

● 6は いくつと いくつに わけられますか。

6

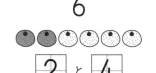

| 2 | と | 4 |

6

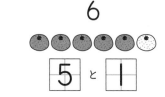

| 5 | と | 1 |

6

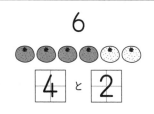

| 4 | と | 2 |

6

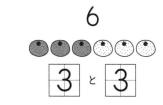

| 3 | と | 3 |

32

P.33

いくつと いくつ (3)

	がつ	にち	なまえ

● 7は いくつと いくつに わけられますか。

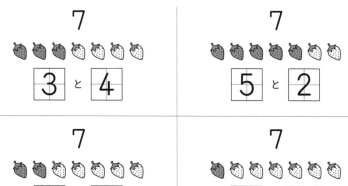

7

| 3 | と | 4 |

7

| 5 | と | 2 |

7

| 2 | と | 5 |

7

| 1 | と | 6 |

33

P.34

いくつと いくつ (4)

	がつ	にち	なまえ

● 8は いくつと いくつに わけられますか。

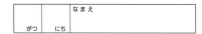

8

| 5 | と | 3 |

8

| 1 | と | 7 |

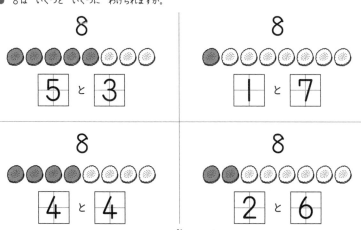

8

| 4 | と | 4 |

8

| 2 | と | 6 |

34

P.35

いくつと いくつ (5)

	がつ	にち	なまえ

● 9は いくつと いくつに わけられますか。

9

| 4 | と | 5 |

9

| 8 | と | 1 |

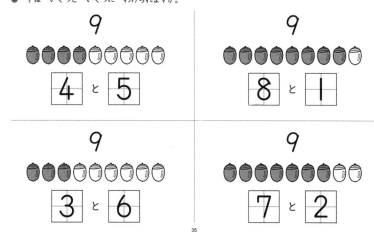

9

| 3 | と | 6 |

9

| 7 | と | 2 |

35

P.36

いくつと いくつ (6)

| | | なまえ |
|がつ|にち| |

● 10は いくつと いくつに わけられますか。

10

6 と 4

10

8 と 2

10

3 と 7

10

5 と 5

P.37

いくつと いくつ (7)

| | | なまえ |
|がつ|にち| |

● 10は いくつと いくつに わけられますか。

 ◯に いろを ぬって みよう。

① ●◯◯◯◯◯◯◯◯◯ 1 と 9

⑤ ◯◯◯◯◯◯◯◯◯◯ 5 と 5

② ●●◯◯◯◯◯◯◯◯ 2 と 8

⑥ ◯◯◯◯◯◯◯◯◯◯ 6 と 4

③ ◯◯◯◯◯◯◯◯◯◯ 3 と 7

⑦ ◯◯◯◯◯◯◯◯◯◯ 7 と 3

④ ◯◯◯◯◯◯◯◯◯◯ 4 と 6

⑧ ◯◯◯◯◯◯◯◯◯◯ 8 と 2

⑨ ◯◯◯◯◯◯◯◯◯◯ 9 と 1

P.38

いくつと いくつ (8)

| | | なまえ |
|がつ|にち| |

● ▦に あてはまる かずを かきましょう。

① ●● ●●●●
6
2 と 4

② ●●●●●●●
7
3 と 4

③ ●●●●●●●●
8
3 と 5

④ ●●●●●●●●●
9
2 と 7

⑤ ●●●●●●●●●●
10
8 と 2

⑥ ●●●●●●●●●●
10
4 と 6

P.39

いくつと いくつ (9)

| | | なまえ |
|がつ|にち| |

● こどもは ぜんぶで 10にん います。きで かくれて いるのは なんにんですか。

① 5にん 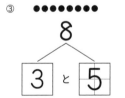 かくれているのは 5 にん

② 6にん 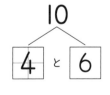 かくれているのは 4 にん

③ 3にん かくれているのは 7 にん

P.40

いくつと いくつ (10)

	がつ	にち	なまえ

● ⊞に あてはまる かずを かきましょう。

① 4と **6** で 10　いろを ぬって みよう
② 7と **3** で 10
③ 5と **5** で 10
④ 9と **1** で 10

● ⊞に あてはまる かずを かきましょう。

① **2** と 8で 10　いろを ぬって みよう
② **4** と 6で 10
③ **1** と 9で 10
④ **7** と 3で 10

40

P.41

たしざん (1)　　5までの たしざん

	がつ	にち	なまえ

● あわせて なんびきですか。

ねこが **2** ひき　　ねこが **1** ぴき　　あわせて **3** びき

● あわせて なんこですか。

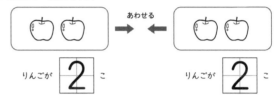

りんごが **2** こ　　りんごが **2** こ　　あわせて **4** こ

41

P.42

たしざん (2)　　5までの たしざん

	がつ	にち	なまえ

● あわせて なんびきですか。しきに かきましょう。

3びき　　あわせる　　2ひき　　3と 2を あわせると 5に なるよ。

3 ＋ **2** ＝ **5**

さん　たす　に　は　ご

れんしゅう

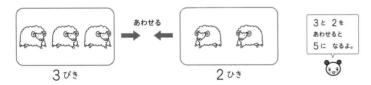
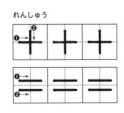

42

P.43

たしざん (3)　　5までの たしざん

	がつ	にち	なまえ

● あわせて なんにんですか。

しき **2** ＋ **3** ＝ **5**　あわせて

こたえ **5** にん

● あわせて なんこですか。

しき **1** ＋ **3** ＝ **4**　あわせて

こたえ **4** こ

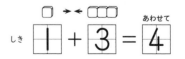

43

P.44

たしざん（4）　　5までの たしざん

		なまえ
がつ	にち	

● 3だい ふえると なんだいですか。

ふえる
2だい

しき　2 + 3 = 5

こたえ　5　だい

● 2わ ふえると なんわですか。

ふえる
1わ

しき　1 + 2 = 3

こたえ　3　わ

44

P.45

たしざん（5）　　5までの たしざん

		なまえ
がつ	にち	

● □を かぞえて たしざんを しましょう。

① 1 + 3 = 4

② 2 + 2 = 4

③ 3 + 2 = 5

④ 4 + 1 = 5

⑤ 2 + 3 = 5

45

P.46

たしざん（6）　　5までの たしざん

		なまえ
がつ	にち	

● たしざんを しましょう。

こたえの かずだけ ○に いろを ぬろう。

① 2 + 1 = 3

② 2 + 3 = 5

③ 1 + 4 = 5

④ 1 + 3 = 4

⑤ 3 + 2 = 5

⑥ 2 + 2 = 4

46

P.47

たしざん（7）　　5までの たしざん

		なまえ
がつ	にち	

● たしざんを しましょう。

① 2 + 3 = 5

② 3 + 1 = 4

③ 1 + 1 = 2

④ 2 + 1 = 3

⑤ 1 + 4 = 5

⑥ 2 + 2 = 4

⑦ 1 + 2 = 3

⑧ 3 + 2 = 5

⑨ 1 + 3 = 4

⑩ 4 + 1 = 5

47

P.48

たしざん（8）　10までの たしざん

がつ	にち	なまえ

● あわせて なんわですか。

しき $4 + 3 = 7$ あわせて

こたえ 7 わ

● あわせて なんこですか。

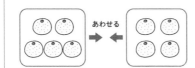

しき $5 + 4 = 9$ あわせて

こたえ 9 こ

48

P.49

たしざん（9）　10までの たしざん

がつ	にち	なまえ

● 2ひき ふえると なんびきですか。

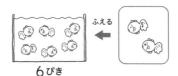

6ぴき

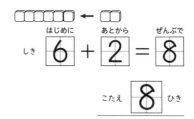

しき $6 + 2 = 8$
はじめに　あとから　ぜんぶで

こたえ 8 ひき

● 6こ ふえると なんこですか。

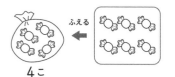

4こ

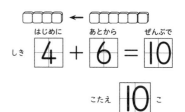

しき $4 + 6 = 10$
はじめに　あとから　ぜんぶで

こたえ 10 こ

49

P.50

たしざん（10）　10までの たしざん

がつ	にち	なまえ

● ☐を かぞえて たしざんを しましょう。

① $5 + 3 = 8$

② $7 + 2 = 9$

③ $3 + 4 = 7$

④ $2 + 8 = 10$

⑤ $4 + 5 = 9$

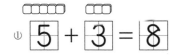

50

P.51

たしざん（11）　10までの たしざん

がつ	にち	なまえ

● たしざんを しましょう。

① $3 + 5 = 8$

② $6 + 1 = 7$

③ $2 + 6 = 8$

④ $7 + 3 = 10$

⑤ $5 + 2 = 7$

⑥ $3 + 6 = 9$

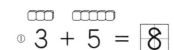

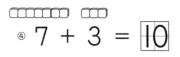

51

児童に実施させる前に，必ず指導される方が問題を解いてください。本書の解答は，あくまでも１つの例です。指導される方の作られた解答をもとに，本書の解答例を参考に児童の多様な考えに寄り添って○つけをお願いします。

P.52

たしざん（12）　　10までの　たしざん

がつ	にち	なまえ

● たしざんを　しましょう。

① $8 + 2 = 10$

② $2 + 5 = 7$

③ $6 + 3 = 9$

④ $3 + 3 = 6$

⑤ $5 + 5 = 10$

⑥ $1 + 7 = 8$

52

P.53

たしざん（13）　　10までの　たしざん

がつ	にち	なまえ

● たしざんを　しましょう。

○を　かいたり、いろを　ぬったりして　かんがえよう。

① $2 + 7 = 9$

② $4 + 2 = 6$

③ $6 + 4 = 10$

④ $8 + 1 = 9$

⑤ $1 + 6 = 7$

⑥ $4 + 4 = 8$

⑦ $2 + 4 = 6$

⑧ $3 + 7 = 10$

53

P.54

たしざん（14）　　10までの　たしざん

がつ	にち	なまえ

● たしざんを　しましょう。

○を　かいたり、いろを　ぬったりして　かんがえよう。

① $3 + 4 = 7$

② $5 + 3 = 8$

③ $7 + 2 = 9$

④ $2 + 8 = 10$

⑤ $4 + 5 = 9$

⑥ $8 + 1 = 9$

⑦ $6 + 3 = 9$

⑧ $2 + 5 = 7$

54

P.55

たしざん（15）　　10までの　たしざん

がつ	にち	なまえ

● たしざんを　しましょう。

① $2 + 6 = 8$

② $5 + 2 = 7$

③ $1 + 8 = 9$

④ $8 + 2 = 10$

⑤ $4 + 3 = 7$

⑥ $3 + 5 = 8$

⑦ $4 + 6 = 10$

⑧ $5 + 4 = 9$

⑨ $3 + 3 = 6$

⑩ $6 + 1 = 7$

55

P.56

たしざん（16）　　0の たしざん

	がつ	にち	なまえ	

● あわせると なんびきですか。

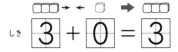 3 びき　0 ひき

しき 3 ＋ 0 ＝ 3

こたえ 3 びき

● たしざんを しましょう。

① 7 ＋ 0 ＝ 7

② 0 ＋ 5 ＝ 5

③ 0 ＋ 0 ＝ 0

④ 10 ＋ 0 ＝ 10

P.57

たしざん（17）　　ぶんしょうだい

	がつ	にち	なまえ	

● にわとりが 3わ います。
ひよこが 5わ います。
あわせて なんわですか。

 にわとり 3 わ

 ひよこ 5 わ

しき 3 ＋ 5 ＝ 8

こたえ 8 わ

● あかい りんごが 6こ あります。
みどりの りんごが 4こ あります。
あわせて なんこですか。

 あかい りんご 6 こ

 みどりの りんご 4 こ

しき 6 ＋ 4 ＝ 10

こたえ 10 こ

P.58

たしざん（18）　　ぶんしょうだい

	がつ	にち	なまえ	

● えんぴつが 2ほん あります。
7ほん もらいました。
えんぴつは ぜんぶで なんぼんに
なりましたか。

 はじめに あった えんぴつ 2 ほん

 もらった えんぴつ 7 ほん

しき 2 ＋ 7 ＝ 9

こたえ 9 ほん

● いけに かめが 4ひき います。
3びき かめが ふえました。
かめは ぜんぶで なんびきに
なりましたか。

 はじめに いた かめ 4 ひき

 ふえた かめ 3 ひき

しき 4 ＋ 3 ＝ 7

こたえ 7 ひき

P.59

ひきざん（1）　　5までの ひきざん

	がつ	にち	なまえ	

● のこりは なんびきですか。

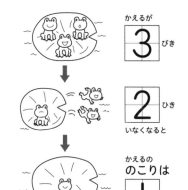

かえるが 3 びき

いなくなると 2 ひき

かえるの のこりは 1 びき

● のこりは なんこですか。

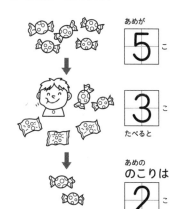

あめが 5 こ

たべると 3 こ

あめの のこりは 2 こ

P.60

ひきざん（2）　　5までの ひきざん

		なまえ
がつ	にち	

● のこりは なんだいですか。

くるまが **4** だい

2 だい でていくと

くるまの **のこりは** **2** だい

● のこりは なんこですか。

ふうせんが **5** こ

4 こ われると

ふうせんの **のこりは** **1** こ

P.61

ひきざん（3）　　5までの ひきざん

		なまえ
がつ	にち	

● のこりは なんこですか。しきに かきましょう。

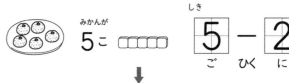

みかんが **5** こ

2 こ たべると

のこりは **3** こ

しき **5 − 2 = 3**
ご　ひく　に　は　さん

こたえ **3** こ

れんしゅう

P.62

ひきざん（4）　　5までの ひきざん

		なまえ
がつ	にち	

● のこりは なんわですか。

とりが 4わ　　1わ とんでいくと

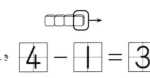

しき **4 − 1 = 3**

こたえ **3** わ

● のこりは なんまいですか。

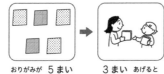

おりがみが 5まい　　3まい あげると

しき **5 − 3 = 2**

こたえ **2** まい

P.63

ひきざん（5）　　5までの ひきざん

		なまえ
がつ	にち	

● ☐を みて ひきざんを しましょう。

① **4 − 2 = 2**

② **3 − 1 = 2**

③ **5 − 4 = 1**

④ **4 − 3 = 1**

⑤ **5 − 2 = 3**

P.64

ひきざん（6）　　5までの ひきざん

がつ	にち	なまえ

● ひきざんを しましょう。

> しきを なぞって こたえを かこう。

① 2 － 1 = 1

② 3 － 1 = 2

③ 4 － 2 = 2

④ 5 － 3 = 2

⑤ 4 － 1 = 3

⑥ 5 － 2 = 3

64

P.65

ひきざん（7）　　5までの ひきざん

がつ	にち	なまえ

● ひきざんを しましょう。

> ●に ひく かずだけ ×を つけて みよう。

① 3 － 2 = 1

② 4 － 3 = 1

③ 5 － 1 = 4

④ 5 － 4 = 1

⑤ 3 － 1 = 2

⑥ 4 － 2 = 2

65

P.66

ひきざん（8）　　5までの ひきざん

がつ	にち	なまえ

● ひきざんを しましょう。

① 4 － 1 = 3

② 5 － 4 = 1

③ 3 － 1 = 2

④ 5 － 2 = 3

⑤ 4 － 3 = 1

⑥ 3 － 2 = 1

⑦ 4 － 2 = 2

⑧ 5 － 3 = 2

⑨ 2 － 1 = 1

⑩ 5 － 1 = 4

66

P.67

ひきざん（9）　　10までの ひきざん

がつ	にち	なまえ

● のこりは なんびき ですか。

てんとうむしが 6ぴき　2ひき とんでいくと

しき　6 － 2 = 4

こたえ 4 ひき

● のこりは なんびきですか。

さかなが 8ひき　5ひき たべると

しき　8 － 5 = 3

こたえ 3 びき

67

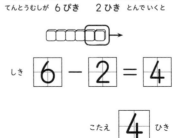

117

P.68

ひきざん（10）　10までの ひきざん

がつ	にち	なまえ

● のこりは なんにんですか。

こどもが 7にん

4にん かえると

しき　$7 - 4 = 3$

こたえ　3 にん

● のこりは なんこですか。

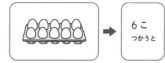

たまごが 10こ

6こ つかうと

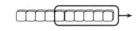

しき　$10 - 6 = 4$

こたえ　4 こ

68

P.69

ひきざん（11）　10までの ひきざん

がつ	にち	なまえ

● ◻ を みて ひきざんを しましょう。

① $9 - 3 = 6$

② $6 - 4 = 2$

③ $10 - 5 = 5$

④ $8 - 6 = 2$

⑤ $7 - 2 = 5$

⑥ $10 - 8 = 2$

69

P.70

ひきざん（12）　10までの ひきざん

がつ	にち	なまえ

● ひきざんを しましょう。

① $9 - 7 = 2$

② $6 - 3 = 3$

③ $8 - 4 = 4$

④ $10 - 7 = 3$

⑤ $10 - 3 = 7$

⑥ $7 - 5 = 2$

⑦ $9 - 6 = 3$

⑧ $8 - 2 = 6$

70

P.71

ひきざん（13）　10までの ひきざん

がつ	にち	なまえ

● ひきざんを しましょう。

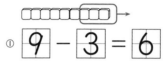

① $10 - 2 = 8$

② $7 - 3 = 4$

③ $9 - 5 = 4$

④ $6 - 1 = 5$

⑤ $7 - 6 = 1$

⑥ $8 - 3 = 5$

⑦ $10 - 4 = 6$

⑧ $9 - 2 = 7$

71

P.72

ひきざん（14）　　10までの　ひきざん

		なまえ
がつ	にち	

● ひきざんを　しましょう。

① $6 - 4 = \boxed{2}$

② $6 - 2 = \boxed{4}$

③ $6 - 5 = \boxed{1}$

④ $6 - 3 = \boxed{3}$

● ひきざんを　しましょう。　

① $7 - 5 = \boxed{2}$

② $7 - 3 = \boxed{4}$

③ $7 - 4 = \boxed{3}$

④ $7 - 2 = \boxed{5}$

72

P.73

ひきざん（15）　　10までの　ひきざん

		なまえ
がつ	にち	

● ひきざんを　しましょう。

① $8 - 5 = \boxed{3}$

② $8 - 6 = \boxed{2}$

③ $8 - 2 = \boxed{6}$

④ $8 - 4 = \boxed{4}$

● ひきざんを　しましょう。

① $9 - 5 = \boxed{4}$

② $9 - 7 = \boxed{2}$

③ $9 - 2 = \boxed{7}$

④ $9 - 4 = \boxed{5}$

73

P.74

ひきざん（16）　　10までの　ひきざん

		なまえ
がつ	にち	

● ひきざんを　しましょう。

① $10 - 7 = \boxed{3}$

② $10 - 4 = \boxed{6}$

③ $10 - 1 = \boxed{9}$

④ $10 - 5 = \boxed{5}$

● ひきざんを　しましょう。　

① $10 - 3 = \boxed{7}$

② $10 - 9 = \boxed{1}$

③ $10 - 6 = \boxed{4}$

④ $10 - 2 = \boxed{8}$

74

P.75

ひきざん（17）　　0の　ひきざん

		なまえ
がつ	にち	

● のこりは　なんこですか。

あめが　3こ　　　3こ　たべると

しき　$\boxed{3} - \boxed{3} = \boxed{0}$　こたえ　$\boxed{0}$ こ

あめが　3こ　　　1こも　たべないと

しき　$\boxed{3} - \boxed{0} = \boxed{3}$　こたえ　$\boxed{3}$ こ

● ひきざんを　しましょう。

① $4 - 4 = \boxed{0}$

② $5 - 0 = \boxed{5}$

③ $0 - 0 = \boxed{0}$

④ $10 - 0 = \boxed{10}$

75

解答

児童に実施させる前に，必ず指導される方が問題を解いてください。本書の解答は，あくまでも1つの例です。指導される方の作られた解答をもとに，本書の解答例を参考に児童の多様な考えに寄り添って○つけをお願いします。

P.76

ひきざん（18）　ぶんしょうだい

	なまえ
がつ　にち	

● じゃがいもが 9こ ありました。
りょうりに 5こ つかいました。
<u>のこりの じゃがいもは なんこに</u>
なりましたか。

 はじめに あった じゃがいも　9 こ

 つかった じゃがいも　5 こ

はじめに あったじゃがいも　つかった じゃがいも　のこりは
しき　9 − 5 = 4

こたえ　4 こ

● いけに あひるが 6わ います。
4わ いけから でて いきました。
<u>のこりの あひるは なんわに</u>
なりましたか。

 はじめに いた あひる　6 わ

 でて いった あひる　4 わ

はじめに いた あひる　でて いった あひる　のこりは
しき　6 − 4 = 2

こたえ　2 わ

76

P.77

ひきざん（19）　ぶんしょうだい

	なまえ
がつ　にち	

● たいやきを 10こ もらいました。
みんなで 7こ たべました。
<u>のこりの たいやきは なんこに</u>
なりましたか。

 はじめに あった たいやき　10 こ

 たべた たいやき　7 こ

はじめに あった たいやき　たべた たいやき　のこりは
しき　10 − 7 = 3

こたえ　3 こ

● けえきを 7こ やきました。
ともだちに 3こ あげました。
<u>のこりの けえきは なんこに</u>
なりましたか。

 はじめに あった けえき　7 こ

 ともだちに あげた けえき　3 こ

はじめに あった けえき　あげた けえき　のこりは
しき　7 − 3 = 4

こたえ　4 こ

77

P.78

ひきざん（20）　こちらは いくつ

	なまえ
がつ　にち	

● はなが 7ほん さいて います。
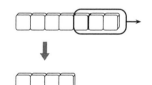 は 3ぼんです。
 は なんぼんですか。

しき

7 − 3 = 4

こたえ　4 ほん

7ほんから
3ぼん とった
のこりが だね。

78

P.79

ひきざん（21）　こちらは いくつ

	なまえ
がつ　にち	

● そふとくりいむが 6こ あります。
 は 4こです。
 は なんこですか。

しき　6 − 4 = 2

こたえ　2 こ

● いぬが 8ひき います。
そのうち おすの いぬは 3びきです。
めすの いぬは なんびきですか。

しき　8 − 3 = 5

こたえ　5 ひき

79

120

P.80

ひきざん (22)

たしざんかな
ひきざんかな

		なまえ
がつ	にち	

● いもほりで いもを 10こ とりました。
6こ やいて たべました。
のこりの いもは なんこに なりますか。

えや ずを かいて みよう

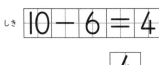

どちらかに ○を つけよう　（ たしざん ・ (ひきざん) ）

しき 10 − 6 = 4

こたえ 4 こ

● ちゃいろの うまが 3とう います。
しろいろの うまが 5とう います。
うまは あわせて なんとうですか。

えや ずを かいて みよう

略

どちらかに ○を つけよう　（ (たしざん) ・ ひきざん ）

しき 3 + 5 = 8

こたえ 8 とう

P.81

ひきざん (23)

たしざんかな
ひきざんかな

		なまえ
がつ	にち	

● ちゅうしゃじょうに くるまが 6だい
とまって います。
2だい はいって きました。
くるまは ぜんぶで なんだいに
なりましたか。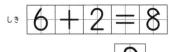

えや ずを かいて みよう

略

どちらかに ○を つけよう　（ (たしざん) ・ ひきざん ）

しき 6 + 2 = 8

こたえ 8 だい

● こうえんで こどもが 9にん あそんで
います。そのうち 4にんが かえりました。
のこりの こどもは なんにんに
なりましたか。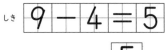

えや ずを かいて みよう

略

どちらかに ○を つけよう　（ たしざん ・ (ひきざん) ）

しき 9 − 4 = 5

こたえ 5 にん

P.82

ちがいは いくつ (1)

		なまえ
がつ	にち	

● ねこ は いぬ より なんびき おおいですか。

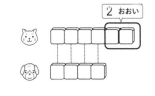
2 おおい

ねこ 6 ぴき　いぬ 4 ひき

おおいのは （ (ねこ) ・ いぬ ）
○を つけよう

しき 6 − 4 = 2
おおい かず　すくない かず　ちがい

こたえ 2 ひき

P.83

ちがいは いくつ (2)

		なまえ
がつ	にち	

● くるま は ばす より なんだい おおいですか。

くるま 8 だい　ばす 4 だい

おおいのは （ (くるま) ・ ばす ）

しき 8 − 4 = 4
おおい かず　すくない かず　ちがい

こたえ 4 だい

● ぷりん は ぜりい より なんこ おおいですか。

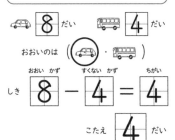

ぷりん 7 こ　ぜりい 2 こ

おおいのは （ (ぷりん) ・ ぜりい ）

しき 7 − 2 = 5
おおい かず　すくない かず　ちがい

こたえ 5 こ

P.84

ちがいは いくつ (3)

	がつ	にち	なまえ

● こあら と ぱんだ は どちらが なんとう おおいですか。

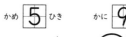 こあら ┃8┃ とう

ぱんだ ┃5┃ とう

おおいは （ こあら ・ ぱんだ ）
○を つけよう

しき ┃8┃ － ┃5┃ ＝ ┃3┃

おおい かず　すくない かず　ちがい

こたえ （ こあら ・ ぱんだ ）が ┃3┃ とう おおい。

84

P.85

ちがいは いくつ (4)

	がつ	にち	なまえ

● かめと かには どちらが なんびき おおいですか。

かめ ┃5┃ ひき　かに ┃9┃ ひき

おおいのは （ かめ ・ かに ）

しき ┃9┃ － ┃5┃ ＝ ┃4┃

おおい かず　すくない かず　ちがい

こたえ ┃かに┃ が ┃4┃ ひき おおい。

● とまとと きゃべつは どちらが なんこ おおいですか。

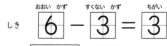

とまと ┃6┃ こ　きゃべつ ┃3┃ こ

おおいのは （ とまと ・ きゃべつ ）

しき ┃6┃ － ┃3┃ ＝ ┃3┃

おおい かず　すくない かず　ちがい

こたえ ┃とまと┃ が ┃3┃ こ おおい。

85

P.86

ちがいは いくつ (5)

	がつ	にち	なまえ

● えんぴつと けしごむの かずの ちがいは いくつですか。

えんぴつ ┃5┃ ほん　けしごむ ┃7┃ こ

おおいのは （ えんぴつ ・ けしごむ ）

しき ┃7┃ － ┃5┃ ＝ ┃2┃

おおい かず　すくない かず　ちがい

こたえ ┃2┃

● にわとりと ひよこの かずの ちがいは なんわですか。

にわとり ┃3┃ わ　ひよこ ┃10┃ わ

おおいのは （ にわとり ・ ひよこ ）

しき ┃10┃ － ┃3┃ ＝ ┃7┃

おおい かず　すくない かず　ちがい

こたえ ┃7┃ わ

86

P.87

かずを せいりしよう (1)

	がつ	にち	なまえ

● やさいの かずを しらべましょう。

やさいの かずだけ いろを ぬろう。

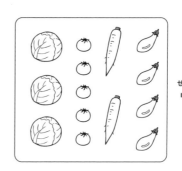

せいりしよう →

したから ぬって いくよ。

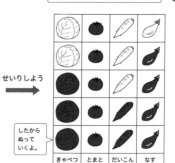

きゃべつ　とまと　だいこん　なす

いちばん おおい やさいは ┃とまと┃ です。

87

122

P.88

かずを せいりしよう（2）

		なまえ
がつ	にち	

● おやつの かずを しらべましょう。

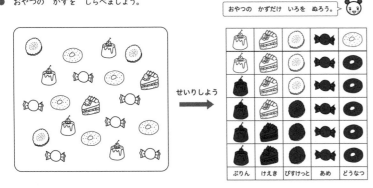

せいりしよう →

おやつの かずだけ いろを ぬろう。

ぷりん	けえき	びすけっと	あめ	どうなつ

ぬった ものは しるしを つけて おこう。

いちばん おおい おやつは | **あめ** | です。

88

P.89

20までの かず（1）

		なまえ
がつ	にち	

● はちは なんびきですか。

10を せんで かこみましょう。

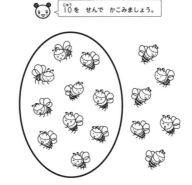

10	と	6
じゅう		ろく

↓

| 16 | ひき
|---|

じゅうろく

89

P.90

20までの かず（2）

		なまえ
がつ	にち	

● とりは なんわですか。

10を せんで かこみましょう。

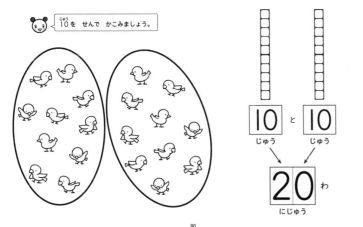

10	と	10
じゅう		じゅう

↓

| 20 | わ
|---|

にじゅう

90

P.91

20までの かず（3）

		なまえ
がつ	にち	

● けえきは なんこですか。

10を せんで かこみましょう。

10	と	3

↓

| 13 | こ
|---|

● えんぴつは なんぼんですか。

10	と	8

↓

| 18 | ほん
|---|

91

123

P.92

20までの かず（4）

		なまえ
がつ	にち	

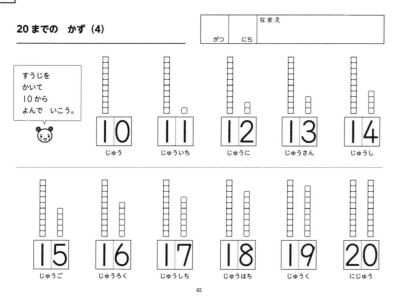

P.93

20までの かず（5）

		なまえ
がつ	にち	

● かずを かきましょう。

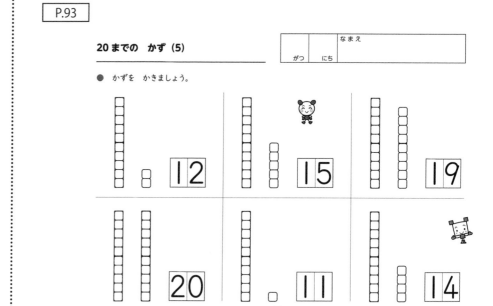

P.94

20までの かず（6）

		なまえ
がつ	にち	

● おにぎりの かずを かぞえましょう。　● とりの かずを かぞえましょう。

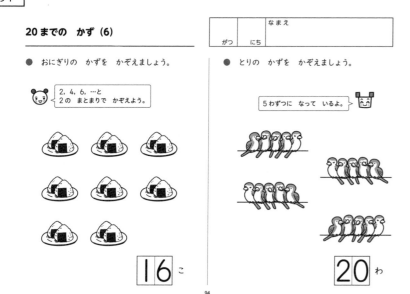

P.95

20までの かず（7）

		なまえ
がつ	にち	

● □に かずを かきましょう。

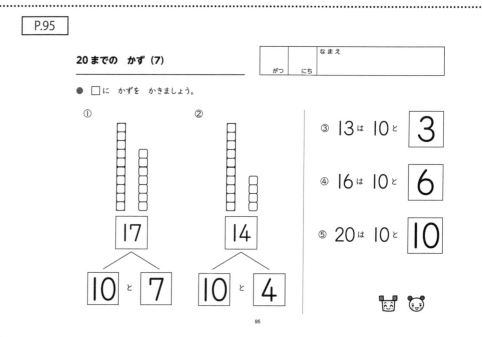

P.96

20までの かず（8）

● □に かずを かきましょう。

① 10と 4で 〔14〕

② 10と 9で 〔19〕

③ 18は 10と 〔8〕

④ 15は 10と 〔5〕

● □に かずを かきましょう。

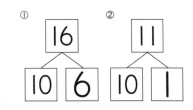

P.97

20までの かず（9）

かずのせん を みて こたえましょう。

● つぎの かずは いくつですか。

① 10より 2 おおきい かず 〔12〕　③ 20より 2 ちいさい かず 〔18〕

② 12より 3 おおきい かず 〔15〕　④ 17より 3 ちいさい かず 〔14〕

P.98

20までの かず（10）

● かずのせん の □に かずを かきましょう。

0から じゅんに よんで いこう。

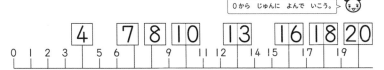

● おおきい ほうに ○を つけましょう。

① ⑪ と 9　　③ ⑳ と 18

② 14 と ⑰　　④ 10 と ⑫

P.99

20までの かず（11）

● □に かずを かきましょう。

①

②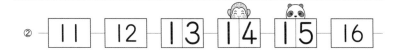

③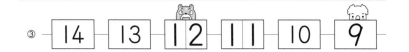

P.100

20までの かず（12）　たしざん

● けいさんを しましょう。

① 10 + 8 = $\boxed{18}$

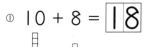

② 12 + 4 = $\boxed{16}$

③ 10 + 5 = $\boxed{15}$

④ 10 + 10 = $\boxed{20}$

⑤ 13 + 2 = $\boxed{15}$

⑥ 16 + 3 = $\boxed{19}$

⑦ 11 + 5 = $\boxed{16}$

100

P.101

20までの かず（13）　ひきざん

● けいさんを しましょう。

① 17 - 7 = $\boxed{10}$

② 18 - 6 = $\boxed{12}$

③ 12 - 2 = $\boxed{10}$

④ 15 - 5 = $\boxed{10}$

⑤ 19 - 7 = $\boxed{12}$

⑥ 16 - 3 = $\boxed{13}$

⑦ 14 - 2 = $\boxed{12}$

101

喜楽研の支援教育シリーズ

ゆっくり ていねいに 学べる

算数教科書支援ワーク　1-①

2023 年 3 月 1 日　　第 1 刷発行

イ ラ ス ト ：　山口 亜耶 他
表紙イラスト：　鹿川 美佳
表紙デザイン：　エガオデザイン
企画・編著：　原田 善造・あおい えむ・今井 はじめ・さくら りこ
　　　　　　　　中田 こういち・なむら じゅん・ほしの ひかり・堀越 じゅん
　　　　　　　　みやま りょう（他 4 名）
編 集 担 当：　桂　真紀

発 　行 　者：　岸本 なおこ
発 　行 　所：　喜楽研（わかる喜び学ぶ楽しさを創造する教育研究所：略称）
　　　　　　　　〒604-0827　京都府京都市中京区高倉通二条下ル瓦町 543-1
　　　　　　　　TEL　075-213-7701　FAX　075-213-7706
　　　　　　　　HP　　https://www.kirakuken.co.jp
印 　　　刷：　創栄図書印刷株式会社

ISBN:978-4-86277-397-5

Printed in Japan

喜楽研 WEB サイト
書籍の最新情報（正誤表含む）は
喜楽研 WEB サイトをご覧下さい。

学校現場では，本書ワークシートをコピー・印刷して児童に配布できます。
学習する児童の実態にあわせて，拡大してお使い下さい。